TRAME

a cura di Marina Guglielmi

COLLANA TRAME

Albertazzi, Silvia, *Belli e perdenti. Antieroi e post-eroi nella narrativa contemporanea di lingua inglese*

Caocci, Duilio - Guglielmi, Marina (a cura di), *Idee di letteratura*

Culler, Jonathan, *Teoria della letteratura*

Deidier, Roberto, *La poesia. Lettura e comprensione*

Guglielmi, Marina, *Virginia, ti rammenti... Le riscritture di Paul et Virginie*

Guglielmi, Marina - Pala, Mauro (a cura di), *Frontiere Confini Limiti*

Hutcheon, Linda, *Teoria degli adattamenti. I percorsi delle storie fra letteratura, cinema, nuovi media*

Krysinski, Wladimir, *Il romanzo e la modernità*

Montandon, Alain, *Le forme brevi*

Mossé, Claude, *Il cittadino nella Grecia antica*

Proietti, Paolo, *Crocevia letterari*

Reuter, Yves, *Il romanzo poliziesco*

Sangsue, Daniel, *La parodia*

Sorrentino, Flavio, *Lo spazio del sotterraneo nella narrativa francese dell'Ottocento*

Sorrentino, Flavio (a cura di), *Il senso dello spazio. Lo* spatial turn *nei metodi e nelle teorie letterarie*

Valette, Bernard, *Il romanzo. Introduzione ai metodi e alle tecniche moderne di analisi letteraria*

Westphal, Bertrand, *Geocritica. Reale Finzione Spazio*

Zampetti, Angela - Marchitelli, Andrea (a cura di), *La tragedia greca. Metodologie a confronto*

Pierpaolo Martino
(a cura di)

WORDS AND MUSIC

Studi sui rapporti tra letteratura e musica in ambito anglofono

ARMANDO
EDITORE

MARTINO, Pierpaolo (a cura di)
Words and Music. Studi sui rapporti tra letteratura e musica in ambito anglofono ;
Roma : Armando, © 2015
144 p. ; 20 cm. (Trame)

ISBN: 978-88-6677-925-4

1. Dialogo tra musica e letteratura
2. Pensare la letteratura a partire dalla musica
3. Percorsi di traduzione intersemiotica

CDD 820

UNIVERSITÀ DEGLI STUDI DI BARI ALDO MORO

DIPARTIMENTO DI LETTERE LINGUE ARTI ITALIANISTICA E CULTURE COMPARATE

Questo volume è stato pubblicato con i fondi del Progetto di Ricerca di Ateneo dal titolo "Le forme del Moderno: Lingue, Culture e Letterature nel Mondo Anglofono".

Viale Trastevere, 236 - 00153 Roma
Direzione - Ufficio Stampa 06/5894525
Direzione editoriale e Redazione 06/5817245
Amministrazione - Ufficio Abbonamenti 06/5806420
Fax 06/5818564
Internet: http://www.armando.it
E-Mail: redazione@armando.it ; segreteria@armando.it

36-13-018

Sommario

A Sveva e Fanny

Introduzione
Note sui rapporti tra letteratura e musica in ambito anglofono

Pierpaolo Martino

> L'ascolto [...] non prende in considerazione, non si basa su segni determinati, classificati; non riguarda ciò che è detto, o emesso, quanto piuttosto chi parla, chi emette. Questo ascolto ha luogo in uno spazio intersoggettivo, dove "io ascolto" vuol dire anche "ascoltami".
>
> Roland Barthes, *Ascolto*

Il dialogo tra musica e letteratura e gli studi musico-letterari

Words and Music rappresenta una risposta – enunciata nell'ambito degli *English* e *Cultural Studies* di area italiana – al crescente interesse nella comunità scientifica internazionale per quella che Delia da Sousa Correa definisce *confluence* tra letteratura e musica. Nell'introduzione a un volume da lei curato dal titolo *Phrase and Subject. Studies in Literature and Music* (2006) l'autrice sottolinea come:

> Until the 1980s critical approaches that brought together literature and music, rather than literature and the visual arts, were rare. Since then, increasing attention has been paid to aesthetic and cultural interactions between literature and music. As the field of literary studies progressively embraces interdisciplinarity, there have been signs of burgeoning interest in the role played by music within literary culture (da Sousa Correa 2006: 1).

Gli studi culturali hanno avuto, soprattutto di recente, un ruolo centrale nel progressivo definirsi della dialettica musico-letteraria. Occorre tuttavia sottolineare come quella degli studi musico-letterari sia una vera e propria disciplina emersa verso la metà del secolo scorso. Il primo studio degno di nota sull'argomento è *Music and Literature. A Comparison of the Arts* (1948) del comparatista americano Calvin Brown; si tratta di un libro diviso in quattro sezioni; si parte da quelli che l'autore identifica come elementi comuni alle due arti (ritmo, altezza, timbro, armonia, contrappunto), per passare a forme di collaborazione musicale (come il *Lied* o l'Opera), nonché all'influsso della musica sulla letteratura (con forme quali la fuga e il leitmotiv) e viceversa della letteratura sulla musica (come nella musica a programma). Brown nel 1984 ridefinirà queste aree in termini di: analogia, combinazione, sostituzione e influsso, tuttavia come sostiene Russi (2005), le categorie di Brown finiscono spesso per creare confusione presupponendo inoltre una sorta di gerarchia tra le arti. Molto più diretto ed efficace risulta essere il lavoro del tedesco Steven Paul Scher (1984) che individua tre aree principali: musica e letteratura (dove rientrano esempi di combinazione), letteratura nella musica (che include anche processi intersemiotici di musica strumentale ispirata, possiamo dire, ad aspetti o contenuti letterari) e musica nella letteratura (dove troviamo da un lato un'analisi degli aspetti più musicali del verbale come ritmo e accento e dall'altro la descrizione della musica in ambito letterario). Infine il lavoro del viennese Werner Wolf (1999) – intorno a cui nasce la *International Association for Word and Music Studies* – ripensa gli studi musico-letterari nell'ambito dell'intermedialità secondo un'impostazione profondamente differente dalle precedenti. L'enfasi di Wolf è sul concetto di *medium* come mezzo di comunicazione in grado di utilizzare più sistemi segnici; in realtà anche qui siamo dinanzi a tassonomie molto complesse e tuttavia quello di Wolf appare come tentativo di considerare e valutare (attraverso una categoria quale la *intracompositional intermediality*) un testo *fatto di* musica e letteratura, nel suo essere qualcosa in più della semplice somma delle sue parti (o dei linguaggi di cui si nutre).

Più recentemente gran parte della ricerca svolta negli studi musico-letterari è stata rivolta, soprattutto in ambito anglofono, all'indagine del rapporto tra musica e forme letterarie specifiche, quale il romanzo, e qui la dimensione culturale si è rivelata assolutamente centrale (più, si potrebbe dire, di ogni altro ricorso e analisi dal sapore strutturalistico). In questo senso, in uno studio intitolato *Music in Contemporary British Fiction*, Gerry Smyth definisce la svolta interdisciplinare in questo campo di indagine, in termini dell'emergere della cultura «as a common object of study for formerly demarcated scholarly systems» (Smyth 2008: 4). È interessante notare come Smyth, nel suo approccio trasversale al romanzo inglese contemporaneo, in cui sembra occuparsi di aspetti sia contenutistici che formali, faccia riferimento a figure in ambito moderno e modernista quali Sterne, Austen, Hardy, Proust e Joyce (a cui Smyth riserva una sezione significativa del lavoro) al fine di dimostrare come il romanzo abbia sempre avuto a che fare con la musica nelle sue molteplici forme. Del rapporto tra musica e romanzo si era occupato qualche anno prima un altro studioso inglese Stephen Benson. In *Literary Music. Writing Music in Contemporary Fiction* (2006), Benson rende palese la sua determinazione a occuparsi esclusivamente della rappresentazione dell'esperienza musicale a livello verbale, di come, in breve, la musica viene descritta nel romanzo, prestando tuttavia grande attenzione ad aspetti cari a quella che oggi viene definita neo-musicologia ovvero al complesso discorso attraverso cui "music is made, received, circulated and valued" (Benson 2006: 3), vale a dire attraverso cui si fa esperienza della musica in quanto pratica sociale. Eppure questa musica, scrive Benson, per certi versi esiste proprio grazie allo spazio narrativo in cui si trova ed è lì che tutte le valutazioni sociali sulla stessa scendono in campo.

L'impressione che emerge dall'analisi della maggior parte degli studi sull'argomento è che ci sia una tendenza più o meno generalizzata (e forse in parte giustificabile) a tenere i due campi di indagine ben distinti. In realtà, in ogni approccio a quello che potrebbe essere semplicemente definito *dialogo tra musica e letteratura* bisognerebbe partire da ciò che questi due linguaggi hanno in comune. La loro *somiglianza* rimanda, infatti, al rapporto di contiguità che sin da tempi remoti esisteva tra lingua e musica, sino a giungere a contesti in cui poesia e musica finiscono spesso per coincidere. Come nota Theo van Leeuween:

> Speech, music and other sounds […] have usually been treated as separate, in theory as well as in practice. They have been talked about in different ways and with different terminologies: linguistics to talk about speech; musicology to talk about music […]. And they have been practised as separate disciplines too, especially in dominant modes of communication and high culture art forms. This kind of semiotic purism has not always existed. In the Middle Ages and the Renaissance the voice was still a musical instrument and music was embedded in every aspect of everyday life, just as many 'less developed' cultures had and

> still have songs for grinding grains, songs for harvesting crops, songs for constructing houses, songs for carrying goods, toilet training songs, puberty songs, news bulletin songs, political comment songs and so on (cf. Merriam, 1964). But as clergical plainsong, the cries of night-watchmen, and the chanting of ABC in schools were replaced by reading aloud, speech was divorced from music (van Leeuwen 1999: 1).

La letteratura in quanto sistema di modellazione secondario (Lotman *et al.* 1978) *risuona* (soprattutto in generi quali il romanzo) delle molteplici inflessioni del linguaggio verbale in quanto linguaggio orale, ossia in quanto sistema di modellazione primario. Il linguaggio musicale, dal canto suo, si colloca a metà strada tra i due sistemi, essendo, come abbiamo visto con van Leeuwen, l'aspetto di cui si nutre ogni enunciazione verbale, preservando al tempo stesso l'artisticità e l'infunzionalità proprie del testo letterario.

Anche se è all'immaginazione che musica e letteratura si rivolgono e quest'ultima non ha bisogno di giustificazioni per creare, mediante percorsi abduttivi, legami fra percorsi apparentemente lontani, è possibile affermare che la scrittura letteraria attiva processi comunicativi che non differiscono da quelli del linguaggio musicale, dato che in entrambi i casi il detto è fondamentalmente pretesto del dire (Lomuto-Ponzio 1997). In questa prospettiva, il senso (quello che comunemente percepiamo come *detto*) è dato dalla percezione stessa del *come*; qui il senso non è semplice idea, concetto, da comunicare immediatamente, ma vive nel tempo imprevedibile dell'umano. È proprio l'umano a essere in qualche misura *espresso* (mai in maniera definitiva) da musica e letteratura: è come se l'ascoltatore e il lettore si mettessero in comunicazione con uno stesso-altro partecipando a un dialogo fatto di meraviglia, stupore, interrogazione. Alla domanda cosa ci *dicono* il musicista e lo scrittore potremmo rispondere con Lévinas che «l'artista dice, persino il pittore, persino il musicista, dice l'ineffabile» [...]; in questo senso, «pur screditato come canone estetico, il realismo conserva il suo prestigio. In fondo lo si rinnega solo in nome di un realismo superiore. Surrealismo è un superlativo» (Lévinas 1984: 174).

Il linguaggio musicale, ancor più di quello letterario, resiste a ogni tentativo di identificazione e sistematizzazione; la musica, infatti, è linguaggio iconico che eccede tutto ciò che è previsto e prevedibile e soprattutto la parola, per parlare essa stessa alla dimensione corporea, confondendo significato e emozione, ricordo e desiderio.

Secondo Charles Sanders Peirce (1931-58), l'icona rappresenta una tipologia ben specifica di segno, come del resto lo sono l'indice e il simbolo, ma mentre l'indice è un segno che rimanda al suo oggetto attraverso una relazione di contiguità, causalità o attraverso una qualche connessione fisica, e il simbolo è segno che si basa su una conseguenza o su di un uso o un'abitudine (spesso determinati da un codice), l'icona presuppone una relazione di somiglianza e similarità tra il segno e il suo oggetto. L'icona è in assoluto la tipologia di segno più indipendente sia dalla convenzione che da categorie quali contiguità e causalità: un'icona rimanda a qualcosa o a qualche significato particolare secondo modalità sfuggenti e imprevedibili. Tuttavia, nella cultura contemporanea, i concetti di icona e iconicità, pur preservando la loro connotazione semiotica e in particolare peirciana, possono ricoprire un vasto spettro di significati; con il termine icona culturale ci si riferisce infatti a una persona considerata un simbolo rappresentativo o degna di venerazione. Ciò può aiutarci a comprendere lo *status* di alcuni musicisti e scrittori, da Wilde a Joyce, da David Byrne e David Sylvian (due poeti *in* musica che sono al centro di alcune indagini del presente volume).

Musica e letteratura sono inoltre accomunate da quella forma ben specifica di dialogismo che prende il nome d'intertestualità. Secondo Roland Barthes:

> Il testo [...] è uno spazio a più dimensioni, in cui si congiungono e si oppongono svariate scritture, nessuna delle quali è originale: il testo è un tessuto di citazioni [...]. Lo scrittore può soltanto imitare un gesto sempre anteriore, mai originale; il suo solo potere consiste nel mescolare le scritture, nel contrapporle l'una all'altra in modo da non appoggiarsi mai ad una in particolare (Barthes 1988: 54-55).

In breve, la parola letteraria non potrà mai *appartenere* a chi la utilizza, lo stesso Bachtin sottolinea come la parola letteraria sia sempre parola altrui, infatti, «il poeta riceve le parole ed impara a dare loro un'intonazione *nel corso di tutta la sua vita*, in un processo di comunicazione *poliedrica* con il suo ambiente sociale» (Bachtin 2003: 61). La parola letteraria altro non è che voce della tradizione che continua a parlare, a dire nella pagina dell'*Individual Talent* (T.S. Eliot). Non si tratta di un atteggiamento programmatico, ma di un movimento lineare, connaturato alla natura dialogica dell'interiorità umana, luogo in cui viene meno ogni distinzione tra presente, passato e futuro.

In questo senso, anche il suono musicale è sempre suono dell'altro, già ascoltato dallo strumento dell'altro, nell'altrui contesto, durante un concerto, attraverso un disco o semplicemente inseguendo un ricordo. Anche qui non si tratta soltanto di quella volontà di citare, che spesso interessa sia compositori che improvvisatori, ma di un processo imprevedibile; perché è la coscienza che sceglie il suono, la nota, l'accento dell'altro, in quanto espressione chiara, precisa dello stato d'animo di chi suona o ascolta.

Il linguaggio musicale rimanda, dunque, necessariamente alla dimensione dell'ascolto (Barthes 2001a, Nancy 2004), una pratica decentrata e decentrante che può porsi alla base del nostro approccio non soltanto ai testi musicali ma anche alla letteratura stessa. La critica letteraria del ventesimo secolo ha sviluppato nozioni quali quelle di polifonia e poliritmia, ci riferiamo ovviamente a Bachtin e al suo romanzo polifonico, ma anche a letture di testi di area postcoloniale – in particolare caraibica – incentrate proprio sul concetto di poliritmia (Litchenstein 1999).

Musica e letteratura pongono problemi simili rispetto alla loro articolazione spazio-temporale. Entrambi i linguaggi – entrambe le forme d'arte – sembrano essere sostanzialmente incentrate sulla dimensione temporale, la loro dimensione narrativa implica infatti, necessariamente, uno sviluppo di natura temporale; tuttavia, le forme più interessanti di *scrittura* musicale e letteraria sembrano rimandare a una sorta di tempo spazializzato, o meglio per dirla con l'Edward Said di *On Late Style. Music and Literature against the Grain* (2006), a una sorta di "conversione" del tempo in termini spaziali. Virginia Woolf, ad esempio, metterà in scena un'estetica dello spazio che ha parecchio a che fare con la musica e che proietta verso alcune intuizioni e realtà musicali del ventesimo secolo. L'interesse di John Cage per il suono in quanto tale, di cui si parlerà nell'ultimo capitolo del presente volume, diventa in questo senso centrale.

Quando Pagnini sostiene che «la struttura musicale ripete essa stessa uno spazio, *lo spazio musicale*, la cui spazialità è conferita dalla possibilità di percepire suoni vicini (forti) e suoni lontani (deboli)» (Pagnini 1975: 50) – in base anche alla particolare enfasi esercitata da un musicista durante una performance – ci fa pensare a una vicinanza e lontananza non soltanto fisica. Presente, passato e futuro sono annullati nell'incantesimo rappresentato dall'esperienza dell'ascolto e dell'esecuzione musicale. In questo senso per Derrida: «la presenza del presente percepito può apparire come tale solo nella misura in cui essa si *compone continuamen-*

te con una non-presenza ed una non percezione, cioè il ricordo e l'attesa primari» (Derrida 1968: 154).

È tuttavia il tempo del ricordo quello a cui più direttamente rimanda la musica. Come ogni forma di *scrittura* la musica prescinde dall'ambito conoscibile e quantificabile della memoria e coinvolge l'imprevedibilità e l'ampiezza enorme del *ricordare* sui cui si fondano l'innovazione e l'inventiva (Lomuto-Ponzio 1997). La memoria è ripetitiva, è legata all'idea di un detto che si ripropone sempre identico, il ricordo, al contrario, incontra il presente, interrogandolo. E il frutto dell'incontro è un tempo reso spazio, un luogo sconosciuto, affascinante. All'interno dello stesso ascolto si realizza un'idea di forma, di labirinto che proietta verso una complessa geografia sonora in cui risuonano molteplici esperienze letterarie del ventesimo secolo, a partire dal modernismo sino agli esiti più affascinanti e imprevedibili della letteratura postcoloniale. La Rue, in questo senso, propone un'immagine di musica (ancora una volta) come spazio, affermando come nel suo divenire musicale un brano non fa che creare una forma nella nostra memoria alla quale il suo sviluppo successivo necessariamente rimanda (La Rue 1970: 1). È giusto aggiungere che nella misura in cui la musica si fa esecuzione questo spazio cessa di essere spazio di solitudine. Innanzitutto, il soggetto ascolta sempre se stesso, ossia partecipa allo sdoppiamento che avviene dentro di sé; ma è d'altronde evidente che: «due esecutori condividano non solo la *durée* interna, nella quale si realizza il contenuto della musica eseguita; ciascuno, simultaneamente e nell'immediato, condivide nel presente vivido il flusso di coscienza dell'altro» (Schutz 1996: 111). Un'immagine quest'ultima che sembra risuonare delle complesse polifonie della Woolf o di un Joyce.

Abitare la soglia: *Words* and *Music*

Questa raccolta di studi nasce dalla convinzione che è possibile – anzi necessario nel contesto multimediale e multimodale in cui siamo inseriti (e in cui si torna sempre più a parlare di interdisciplinarietà) – guardare non solo una lingua (come suggeriva Bachtin), ma anche e soprattutto un linguaggio con gli occhi, e si potrebbe aggiungere le orecchie, di un altro linguaggio, pensando la letteratura proprio a partire dalla musica e viceversa. Può risultare interessante, in tal senso, per il lettore articolare percorsi di lettura, ascolto ed *esecuzione testuale* che nel caso della letteratura inglese possano coinvolgere autori quali, ad esempio, lo stesso Shakespeare ma anche Maturin, Joyce, Brathwaite, Seth, compositori e improvvisatori quali John Cage e John Coltrane, icone quali James Brown e autori quali David Byrne, David Sylvian, artisti con cui la canzone assume una forte connotazione letteraria, in un complesso movimento in cui il lettore/ascoltatore è costretto, forse con suo immenso piacere, ad abitare la soglia tra linguaggi diversi, tra cultura alta e bassa, tra passato e presente.

Ciò che ci deve oggi interessare non sono tanto le modalità in cui la musica diventa argomento e metafora all'interno del discorso letterario, quanto la capacità della letteratura di muoversi in direzione della musica, ossia di *diventare* musica facendo sue la discorsività, l'iconicità e la ricchezza proprie del linguaggio musicale. Se romanzi quali *To the Lighthouse* di Virginia Woolf o *Ulysses* di Joyce possono essere pensati come performance per strumenti musicali, molti romanzi contemporanei, attraverso la loro struttura episodica (Kureishi, Parsons, Coe), sembrano rimandare all'album musicale in quanto sequenza di canzoni. A livello diverso la poesia di un Brathwaite – con la sua enfasi su blue-notes e ritmi sincopati – sembra tradurre la discorsività propria del jazz.

Nell'ambito del presente volume, la musica è analizzata come fenomeno estremamente complesso e ricco di sfaccettature. Una dimensione rilevante è senz'altro quella della musica come puro suono, aspetto questo che risulta fondamentale nella nostra percezione della scrittura poetica; si pensi in tal senso allo stesso Shakespeare ma anche a Joyce, e a Brathwaite per il quale, come vedremo, "*poetry is a form of music*". Sarà proprio Roland Barthes in un celebre saggio intitolato *La grana della voce* a parlare della qualità erotica del suono e in particolare della voce e ad articolare un concetto di ascolto rispondente (2001b) in cui è il corpo stesso a rispondere alla musica; del resto, la pagina letteraria è al tempo stesso spazio silenzioso e cassa di risonanza in cui le voci dei personaggi e dell'autore si caricano di connotazioni e suggestioni raccolte dal lettore/ascoltatore nell'arco di una vita.

Ma la musica, in quanto performance, è anche una pratica discorsiva rivolta all'ascoltatore, nonché alla capacità percettiva più intima del musicista stesso o dei diversi musicisti coinvolti nel processo performativo; una pratica la cui articolazione può illuminare la nostra comprensione di forme dialogiche quali romanzo e dramma, dal teatro shakespeariano al romanzo polifonico di un Joyce o di un Seth. In questo senso, nel presente volume si è cercato di privilegiare analisi in cui le due arti non vengono analizzate in senso strutturalistico, ma sempre e comunque come pratiche discorsive che dialogano tra di loro. Ed è proprio in questa prospettiva ad esempio che è possibile pensare l'interazione tra personaggi all'interno di un romanzo in termini di scambio e sovrapposizione tra strumenti all'interno di una performance musicale.

La musica è anche e soprattutto una pratica sociale, ossia una delle pratiche sociali più ampiamente condivise dai tempi dello stesso Shakespeare, nei cui drammi essa rappresentava una vera e propria protagonista in scena (con *ballad*, canzoni e danze eseguite in scena), sino all'epoca del concerto per solo piano (in età romantica), e alle performance jazz del ventesimo secolo, per non parlare della molteplicità di pratiche associate al pop e al rock (il collezionismo, il concerto in grandi arene, i blog in rete, il giornalismo musicale) e delle sottoculture e della condivisione dal basso della musica in rete e nei blog di cui parlano, ad esempio, romanzieri quali Nick Hornby e Tony Parsons.

Il primo dei contributi inclusi nel volume si intitola *Musica come Metodo*: qui Iain Chambers insiste sulla capacità narrativa della musica, del suo farsi storia o meglio storie dove ritroviamo culture, corpi e memorie sospese in forma sonora. La musica è necessariamente narrazione che tende verso il molteplice; nei mondi narrati dalla musica non esiste infatti una versione unica. Ed ecco emergere narrazioni alternative della modernità come quella di James Brown in cui risuonano 400 anni di diaspora nera o quella di John Coltrane che *riscrive* un celebre standard, tratto dal musical *The Sound of Music*, vale a dire *My Favourite Things*, articolando un intervallo e un'interruzione in grado di disturbare l'orchestrazione ufficiale della modernità, proponendosi come proposta affettiva in grado di assoggettarci e ridefinirci e in cui ciò che conta è ciò che si prova. Chambers pone l'accento anche sulla capacità della musica di mettersi in viaggio prescindendo da confini linguistici, etnici e nazionali; il suono costituisce infatti una dimora mobile e qui gioca un ruolo centrale anche il concetto di ripetizione in grado di rievocare e reprimere il passato. L'autore ci invita, in breve, a pensare con il suono, facendo nostro un sapere acustico il cui punto di forza è la sua stessa instabilità, la sua tensione verso il contingente, un sapere che restituisca il corpo ai propri sensi, che sia al tempo stesso del basso e dal basso.

Del resto, come si è scritto altrove, una delle immagini più interessanti attraverso cui mettersi in ascolto (tra musica e letteratura) è forse proprio quella del basso (Martino 2012), immagine ricorrente in molti autori di lingua inglese da Coleridge alla Woolf, da Kamau Brathwaite a Linton Kwesi Johnson e che attraverso la sua storia di emancipazione in ambito dub, jazz e post-rock, dice bene l'idea di sovversione, di capovolgimento di cui tanto si parla in ambito postcoloniale. Ma il basso è anche *immersione*, vibrazione condivisa, suono che non può essere contenuto e che ci ricorda necessariamente la presenza degli altri nella nostra vita. In questo senso, le stesse "effe" che segnano la cassa di risonanza di un contrabbasso possono essere pensate al tempo stesso come occhi e orecchie, soglia metaforica tra dentro e fuori, tra musica e mondo. È forse proprio in questi termini, nell'ascolto e nella vibrazione che la letteratura diventa musica.

Nel secondo dei contributi del volume – dal titolo *Musica, Scrittura Letteraria, Semiotica, Linguistica* – Augusto Ponzio insiste proprio sulla dimensione dell'ascolto, partendo da *Il Mercante di Venezia* di Shakespeare, e sottolineando la centralità che in esso assume la musica. Qui l'autore nota come l'imperativo che Lorenzo rivolge a Jessica nell'atto quinto del *play* ("*mark the music*", appunto) sia in grado di riscrivere il concetto di ascolto in un significato ampio che include concetti quali: segnare, contrassegnare, marcare, indicare, fare attenzione, ascoltare bene. Anche qui oltre ad avere l'immagine di una musica in grado di rivolgersi direttamente al corpo – e dunque alla dimensione affettiva, ben esemplificata dal riferimento al Barthes dei *Frammenti di un Discorso Amoroso* (2001c) – abbiamo un invito rivolto questa volta alla semiotica, affinché essa inizi a pensarsi e a pensare attraverso il suono e soprattutto attraverso la musica. L'autore del resto si sofferma sulla specificità della parola letteraria che permette dalla sua prospettiva specifica, caratterizzata dall'ascolto e dalla raffigurazione della parola altrui, di cogliere in pieno lo spessore dialogico, semantico, espressivo della lingua, in quanto non si limita a rappresentarla nella sua identità, sancita dall'ordine del discorso, ma ne raffigura l'alterità che ne consente l'impiego in maniera non ripetitiva, monologica. Di qui l'immagine suggerita da Bachtin dello scrittore che indossa la veste del tacere mettendosi in ascolto, attraverso un ascolto che l'autore definisce "rispondente".

Nel volume si affronta inoltre la questione della letterarietà della forma canzone, in breve del muoversi della musica, in quanto canzone, in direzione della letteratura. In effetti, se è vero che la testualità della musica pop eccede il verbale, coinvolgendo aspetti sostanzialmente performativi (aspetto su cui insistono studiosi quali Franco Fabbri e Simon Frith) è senz'altro vero che autori come Dylan, Cohen, Morrissey, Byrne e Sylvian sono spesso considerati delle vere e proprie voci poetiche in grado di articolare complessi discorsi proprio a partire da pratiche e contesti quotidiani. In questo senso, Silvia Albertazzi, nel suo saggio intitolato *I testi di David Byrne per i Talking Heads: il postmoderno a tempo di rock* si sofferma sulla centralità di Byrne nella cultura contemporanea, sottolineando come i testi da lui scritti per la celebre band americana da lui fondata a fine anni Settanta abbiano tutte le caratteristiche strutturali, i moduli di pensiero e le tematiche tipici della temperie postmoderna, rielaborati da una mente in grado di fondere creatività e ironia. Nella prima fase della produzione dei *Talking Heads* i testi ritraggono dei personaggi sull'orlo di una crisi di nervi, del tutto incapaci di adattarsi alla realtà, traducendo in parole e dunque in musica l'idea di un io necessariamente frammentato (si pensi a brani quali *No Compassion* o *Psycho-killer*). Ma Byrne è anche in grado di giocare con le aspettative del suo pubblico articolando punti di vista antitetici e porgendoli in maniera straniata agli ascoltatori (come in *Don't you worry about the government* e *The Big Country*). Se un album come *Fear of Music* (1979) sembra dare voce a una sorta di postmodernismo apocalittico in cui domina il senso della fine, attraverso testi angosciosi e scarni, nel capolavoro della band – *Remain in Light* (1980) – sembra esserci una sorta di trionfo del *pastiche* e della parodia sarcastica. Celebre in questo album un brano come *Once in a lifetime* in cui su una splendida cornice musicale, l'autore articola un senso di panico spirituale. L'apparente superamento di questo senso di crisi si avrà quando Byrne riuscirà attraverso l'incontro con le culture del terzo mondo e con il folk americano a "inventarsi una casa" a trasformare il senso di smarrimento in ansia positiva ossia nell'energia e nella fiducia in se stessi che è al centro di tanta letteratura postcoloniale. Ed ecco Byrne e compagni pubblicare un album come *Naked* del 1988 il cui suono rimanda a influssi e influenze che sanno di *world music*. Tuttavia come sottolinea Lethem, citato da Albertazzi in chiusura, il senso di crisi, la paura articolate da Byrne sembrano essere "lì dove sono state lasciate", ossia non possono essere realmente superate.

L'idea di crisi è in realtà centrale nella (dia)logica che mette in rapporto musica e letteratura. Essa necessariamente rimanda a concetti quali dissonanza, disarmonia, rottura, traducendo bene la polifonia, la molteplicità la di-vergenza che ogni discorso musicale, ma anche letterario, in quanto spazio di coesistenza ma anche di incontro e scontro fecondo tra differenze, deve preservare. In breve, la musica non deve essere pensata esclusivamente in termini di melodia e armonia (o meglio in termini di soluzioni sonore rassicuranti) ma di poliritmia, dissonanza, rumore, se questi proiettano verso una rottura, un intervallo (per riprendere Chambers) rispetto ai suoni autorizzati dall'ordine del discorso; un intervallo in grado di articolare un concetto di identità come qualcosa di dinamico, come spazio abitato da più voci. In questo senso, il lavoro di Byrne, e come vedremo, in maniera diversa, quello di Cage e quello di Sylvian sono mossi dalla stessa tensione a dare una voce, o semplicemente uno spazio (silenzioso nel caso di Cage), al non-detto.

Se Byrne non fa che introdurre una complessità dal sapore letterario all'interno della forma canzone, Vikram Seth – celebre autore di testi quali *The Gloden Gate* (1986) e *A Suitable Boy* (1993) – cerca di *dire*, di tradurre la musica in forma letteraria, o meglio il mondo affettivo che essa genera, attraverso il genere che risulta in grado di rispondere meglio di ogni altro all'arte dei suoni, vale a dire il romanzo. Nel saggio intitolato *Portrait of the Musician as a Young Man*; ovvero, *Die Kunst der Fuge* Vito Cavone analizza uno dei romanzi più noti dell'autore anglo-indiano – *An Equal Music* del 1999 – nei suoi elementi e riferimenti musicali. La musica in questo romanzo non è elemento accessorio – essa non viene introdotta semplicemente come simbolo/metafora/paragone, né esclusivamente come elemento della trama in quanto mestiere/professione (e simili) dei personaggi (come peraltro è il caso di questo romanzo); piuttosto come dimostra Cavone, il linguaggio musicale funge da struttura profonda per l'intero testo. L'azione si svolge in Occidente, nei centri per eccellenza (Londra-Vienna-Venezia) della storia musicale europea. In questo senso, il romanzo si pone come omaggio-esaltazione, da parte di un membro di una cultura "altra", della storia e della tradizione della musica occidentale nella linea Vivaldi-Handel-Bach-Haydn-Mozart-Beethoven-Schubert-Brahms che il quartetto di cui il protagonista fa parte inserisce nei suoi programmi. Al culmine di questa tradizione si pone, come vedremo, Bach e soprattutto la sua *Arte della Fuga*, che costituisce il *fil rouge* del *bildungsroman* del protagonista.

Molti dei riferimenti musicali di Seth sono ad autori dell'Ottocento: è questo il secolo dell'opera, forma che nell'ambito della cultura ufficiale assume una centralità assoluta. In questo senso Simona Tota – nel contributo intitolato Da *dramma gotico inglese a melodramma del romanticismo italiano:* Bertram *e* Il Pirata – ripercorre le tappe di un'evoluzione: quella di un testo inglese, un *play* "gotico" datato 1816, intitolato *Bertram or The Castle of St. Aldobrand*, del reverendo irlandese Charles Robert Maturin a opera, grazie alla scelta operata da Felice Romani nel

1827 di utilizzarlo come soggetto del primo esperimento del romanticismo operistico italiano, sulle efficaci musiche del "sodale" Vincenzo Bellini, musicista aperto ad atmosfere e ispirazioni derivanti da ogni parte dell'Europa, e che fu tra i primi a comprendere la necessità di fondere armonicamente in un solo corpo musica e parole.

L'opera altro non è che processo traduttivo. Mariacristina Petillo – in un contributo intitolato *Percorsi di traduzione intersemiotica:* Tilly *di James Joyce nella rilettura in musica di Ernest John Moeran* – pone l'accento proprio sul concetto di traduzione, alla base di tante esperienze di trasposizione e riscrittura maturate soprattutto in ambito classico. Partendo dalla riflessione jakobsoniana sulla tripartizione del segno e, in particolare, sulla possibilità di una traduzione intersemiotica tra segni appartenenti a sistemi semiotici eterogenei, Petillo esamina le equivalenze traduttive tra uno dei componimenti più rappresentativi di *Pomes Penyeach* di Joyce (1927), *Tilly*, e la sua trasposizione in musica a opera di un compositore inglese, Ernest John Moeran. Da un punto di vista teorico, l'indagine tra parole e musica si inquadra qui all'interno degli studi sulla traduzione intersemiotica e, più nello specifico, sulla "traduzione intersemiotica associativa" (Basso 2000: 206), visto che i versi di Joyce e le melodie di Moeran sono destinati a essere fruiti simultaneamente dall'ascoltatore. Come emergerà dall'analisi dell'autrice, il compositore dimostra di aver ben compreso e trasposto in musica il senso più profondo della lirica joyciana, traducendo pienamente la cupa atmosfera di esilio e tradimento che si coglie tra i versi.

La traduzione e in particolare quella che Basso definisce "traduzione intersemiotica associativa" rappresenta un ponte, che mette in rapporto testi, linguaggi e culture apparentemente lontane (Godard 2000: 46) e che può comportare un fecondo processo di contaminazione e ri-definizione degli stessi. Il periodo a cavallo tra anni Venti e anni Trenta – oltre a registrare l'incontro tra Joyce e Morean – rappresenta anche il momento in cui il jazz assume una posizione di primo piano in ambito internazionale. Il lavoro del poeta caraibico Kamau Brathwaite può essere pensato, in questo senso, come tentativo di tradurre la discorsività propria del jazz in forma letteraria. Nel contributo intitolato *Jazz e improvvisazione nella poesia contemporanea in lingua inglese da Kamau Brathwaite a David Sylvian*, il curatore offre un'indagine dell'interesse di Brathwaite nei confronti del linguaggio musicale e in particolare di espressioni afro-americane e afro-caraibiche quali il jazz, il calypso e il reggae, dimostrando come la musica diventi per l'autore caraibico vero e proprio principio organizzativo della materia poetica, attraverso l'impiego, come si è detto, di componenti jazzistiche quali le *blue-notes* e i ritmi sincopati. Del resto, per Brathwaite, nel suono della tromba o del sassofono è possibile percepire l'urlo che proviene dal cuore dell'uomo soggiogato dal peso del potere coloniale. In questo senso, il jazz rappresenta per il poeta anche un modello attraverso cui pensare la società caraibica, una forma musicale che permette all'ascoltatore di percepire la voce di un individuo all'interno di una comunità, ossia come parte di un gruppo. Jazz e improvvisazione, va detto, non sono sinonimi. Lo sa bene David Sylvian, poeta e compositore britannico, che dopo un primo periodo di ripensamento della forma canzone attraverso la lezione jazzistica di autori quali Kenny Wheeler e David Torn (in album quali *Brilliant Trees* del 1984 e *Secrets of the Beehive* del 1987) decide di porre, a partire dalla fine degli anni Novanta, l'improvvisazione, in quanto pratica non idiomatica, al centro della sua produzione creando capolavori quali *Blemish* (2003) e *Malafon* (2009), in cui la parola non fa che rispondere a processi improvvisativi, articolando – per utilizzare un'espressione pensata da Rob Young in rapporto ad alcune sperimentazioni di James Brown – a "force of hypnotic persuasion, of seductive, not dictatorial command" (Young 2013: 25) – in grado di dare corpo a paesaggi sonori affascinanti, a tratti estremamente complessi e sfuggenti.

La presente raccolta di studi, come si è visto, mette in rapporto classica, jazz, pop e musica contemporanea senza pensare a un rapporto gerarchico tra i generi, quasi a suggerire una possibile inversione e sovversione di un discorso ufficiale che tende a rendere pratiche quali il jazz, il pop e la *world music* in una posizione marginale. In realtà, attraverso una lettura complessiva del volume, i diversi linguaggi musicali finiscono (anche qui) per guardarsi l'uno con gli occhi dell'altro. In questo senso, attraverso la lezione di un autore come John Cage – di cui si parla nell'ultimo contributo a cura di Gianni Lenoci – si stabilisce un'armonia (aperta al possibile e all'imprevisto) data dalla centralità del fenomeno percettivo, che alla fine azzera ogni possibile rapporto di verticalità tra generi diversi. Se in Sylvian l'improvvisazione è un processo consapevole che conserva una dimensione progettuale, in Cage – che in realtà è colui che apre la strada a innovazioni e sperimentazioni di ogni tipo – si parla di *alea*. Lenoci, studioso e musicista attivo sia nell'ambito della musica contemporanea che del jazz, sembra essere fortemente consapevole della iconicità che è alla base dei due linguaggi (ossia musica e letteratura) al punto di condensare le sue riflessioni su *Empty Words* (in cui Cage si misura con i *Journals* di Henry Thoreau) in un testo estremamente denso e succinto per lasciare spazio a un mesostico finale che quasi *per caso* sembra suggerire l'idea di una ricerca aperta e in divenire, in grado di creare associazioni tra parole, suoni e forme basate sull'invenzione e l'inventiva, affrontando il discorso musico-letterario attraverso l'approccio associativo che gli è forse più congeniale.

Il senso del presente volume, che si è deciso di intitolare semplicemente *Words and Music*, risiede proprio nella congiunzione, in quell'*and*, in quella *e* che mette in rapporto due mondi apparentemente lontani quali appunto letteratura e musica. L'invito è a pensare quella congiunzione come luogo di attraversamento, tramite che collega, che traduce voci, corpi, immagini e dunque vissuti, ma anche, e soprattutto, come soglia, come spazio da abitare, in cui soffermarsi e mettere insieme, ossia confondere, storie e suoni diversi, senza mai identificarsi con qualcosa in particolare, in un'apertura grande al possibile e all'imprevisto, in grado di riscrivere all'insegna del dialogo e dell'ascolto l'idea stessa di identità.

Bibliografia

Bachtin, Michail, 1979, *Estetica e romanzo*, Torino, Einaudi.

Bachtin, Michail, 2003, *Linguaggio e scrittura*, Roma, Meltemi.

Barthes, Roland, 1988, "La morte dell'autore", in *Il brusio della lingua. Saggi critici IV*, Torino, Einaudi, pp. 54-55.

Barthes, Roland, 2001a, "Ascolto", in *L'ovvio e L'ottuso. Saggi critici III,* Torino, Einaudi, pp. 237-251.

Barthes, Roland, 2001b, "La grana della voce", in *L'ovvio e L'ottuso. Saggi critici III*, Torino, Einaudi, pp. 257-266.

Barthes, Roland, 2001c, *Frammenti di un Discorso Amoroso*, Torino, Einaudi.

Basso, Pierluigi, 2000, "Fenomenologia della traduzione intersemiotica", in Dusi, Nicola, Nergaard, Siri (a cura di), *VERSUS: Quaderni di studi semiotici. Sulla traduzione intersemiotica*, 85/86/87, Milano, Bompiani, pp. 199-216.

Benson, Stephen, 2006, *Literary Music. Writing Music in Contemporary Fiction*, Burlington, Ashgate.

Brown, Calvin, 1948, *Music and Literature. A Comparison of the Arts*, Athens, University of Georgia Press.

Cage, John, 1968, *Silence*, London, Calder and Boyars.
da Sousa Correa, Delia (ed.), 2006, *Phrase and Subject. Studies in Literature and Music*, London, Legenda.
Derrida, Jacques, 1968, *La voce e il fenomeno*, Milano, Jaca Book.
Eliot, Thomas Stearns, 1932, "Tradition and the Individual Talent", in *Selected Essays*, London, Faber & Faber, pp. 13-20.
Fabbri, Franco, 2001, "La canzone", in J.J. Nattiez (a cura di), *Enciclopedia della musica, Il Novecento I*, Torino, Einaudi, pp. 551-576.
Frith, Simon, 2002, "Songs as Texts", in S. Frith, *Performing Rites*, Oxford and New York, Oxford University Press, pp. 158-182.
Godard, Barbara, 2000, "Millennial Musings on Translation", in S. Petrilli (ed.), *Athanor "La Traduzione"*, Roma, Meltemi.
La Rue, Jacques, 1970, *Guide Lines for Style Analysis*, New York, Norton and Company.
Lévinas, Emanuel, 1984, *La réalité et son ombre*, trad. it in Id., *Nomi propri*, Genova, Marietti.
Lichtenstein, David, P., 1999, *Polyrhythm and the Caribbean: Intersections of Culture, History and Literature*, URL: http://www.postcolonialweb.org/caribbean/themes/rhythm.html.
Locatelli, Aude, 2011, *Jazz belles-lettres. Approche comparatiste des rapports du jazz e de la literature*, Paris, Classiques Garnier.
Lomuto, Michele, Ponzio, Augusto, 1997, *Semiotica della Musica*, Bari, Edizioni B.A. Graphis.
Lotman, Juri, Uspensky Boris A., 1978, "On the Semiotic Mechanism of Culture", *New Literary History*, IX (2), pp. 211-232.
Martino, Pierpaolo, 2012, *Mark the Music. The Language of Music in English Literature from Shakespeare to Salman Rushdie*, Roma, Aracne.
Nancy, Jean Luc, 2004, *All'Ascolto*, Milano, Raffaello Cortina.
Pagnini, Marcello, 1975, *Lingua e Musica*, Bologna, il Mulino.
Peirce, Charles Sanders, 1931-1958, *Collected Papers of Charles Sanders Peirce*, A. Burks, C. Harthstorne, P. Weiss (eds.), Cambridge, MA, The Belknap Press of Harvard University Press.
Petrocchi, Giorgio, 1991, *Letteratura e Musica*, Firenze, Olschki.
Russi, Roberto, 2005, *Letteratura e Musica*, Roma, Carocci.
Said, Edward, 2006, *On Late Style. Music and Literature against the Grain*, London, Bloomsbury.
Scher, Steven Paul, 1984, *Literatur und Musik. Ein Handbuck zur Theorie und Praxis eines komparatistichen Grenzgebiete*, Berlin, Erich Schmidt Verlag.

Schutz, Alfred, 1996, *Frammenti di fenomelogia della musica*, Milano, Guerini e Associati.
Smyth, Gerry, 2008, *Music in Contemporary British Fiction. Listening to the Novel*, London, Palgrave.
van Leeuwen, Theo, 1999, *Speech, Music, Sound*, London, Macmillan.
Wolf, Werner, 1999, "Musicalized Fiction and Intermediality. Theoretical Aspects of Word and Music Studies", in W. Bernarht, S.P. Scher, W. Wold (eds.), *Word and Music Studies. Defining the field*, Amsterdam, Rodopi, pp. 37-58.
Young, Rob, 2013, "Bridging Sighs", in *The Wire. Special Issue: Babble On! Decoding the Word in Underground Music*, 352, June 2013, p. 25.

Musica come metodo

Iain Chambers

Il ritmo inserisce il tempo nell'etica.
Phil Turetsky

Possiamo partire dall'idea di pensare i suoni e la musica non tanto come testimoni storici, o illustrazioni sociologiche o antropologiche, ma come dispositivi critici. Significa che al posto della storiografia o la sociologia della musica, ci si trova a rispondere alla musica come storia, come sociologia. In questo spostamento, sarebbe la musica stessa che sostiene delle storie, dove troviamo culture, e corpi, con le loro memorie e le loro vite, sospesi in suono.

In questa maniera, incontriamo in modo più immediato anche i suoni delle storie che spesso sono rimosse o relegate a una nota in altri linguaggi, discorsi e istituzioni. Nei mondi narrati dalle musiche, come ovunque, non esiste una realtà o versione unica; qui il riconoscimento di tale eterogeneità arriva in un'istanza, senza mediazione, come una forza tattile. In altre parole, il linguaggio della musica custodisce un archivio in grado di registrare il rumore del mondo rimosso che vive e sopravvive negli interstizi del quotidiano, senza la richiesta di essere sdoganato da un'autorità. Ascoltando, per esempio, James Brown che canta *Papa's Got A Brand New Bag*, sia nel 1965 che oggi, assistiamo alla condensazione in tre minuti di quattrocento anni di storia: di diaspora nera, di schiavitù nel mondo atlantico, di centralità rimossa della cultura afro-americana nella formazione della modernità, dove le voci di CLR James, Frantz Fanon, James Baldwin, Malcolm X e lo stesso James Brown diventano un cosa sola. Il timbro intenso di James Brown sostiene una storia che per il mondo occidentale istituzionale è stata recepita semplicemente come un rumore, un chiasso che minaccia di disturbare l'assetto dei poteri culturali e politici attuali. Mi ricordo di avere assistito a un programma televisivo britannico nel periodo in cui il disco di Brown uscì, dove con tanta condiscendenza un gruppo di commentatori bianchi ne licenziava il suono come sensazione sgradevole e di poco conto, un esempio del degrado del gusto da contestare e rifiutare.

In questo scenario possiamo capire come una serie di note, un ritmo, una combinazione di corpi e suoni, possono proporre una narrazione alternativa della modernità. Ovviamente si tratta di una modernità non-autorizzata, sorretta nel sondare e suonare il mondo seguendo altri timbri e altre esigenze. A causa della trasformazione del tempo-spazio operata dalla tecnologia già allora – i dischi, la televisione, la radio (oggi con mezzi assai più sofisticati e rapidi) – possiamo incontrare sulle superficie e nelle pieghe della nostre vite quotidiane una serie di approfondimenti inaspettati dove i "rumori" sono riconducibili a una ribellione storica e culturale: codificata ma chiara nel suo intento. Queste possibilità sono sostenute e promosse nella materialità della musica stessa. Il modo di suonare, ritmare e cantare traccia dei percorsi diversi, ognuno con la sua storia, sebbene intrecciata con tutte le altre.

My Favourite Things, dallo spettacolo *The Sound of Music* di Rogers e Hammerstein del 1959, è una canzone associata soprattuto alla voce di Julie Andrews nel film del 1965. La struttura della canzone è molto convenzionale, evidenziata nel canto limpido, lineare e pulito della Andrews. Quando la stessa canzone è appropriata e ripetuta nella versione proposta da John Coltrane, qualcosa accade, emerge un altro spazio. La musica, la struttura, la canzone, è trasportata altrove e trasformata in una possibilità insospettata. Utilizzando materiali già disponibili – gli inni della chiesa protestante, la musica folk portata dalla Scozia e dall'Irlanda nelle Americhe nel '700 e '800, oppure i suoni trasmessi da Hollywood e Broadway – evidenzia sia una strategia culturale subalterna di sopravvivenza, sia un'estetica in grado di articolare la propria voce in una modernità che spesso rifiuta di ascoltarla. Questa è la materia della pratica storica e culturale della musica afro-americana. Ripetendo e suonando di nuovo gli scarti della modernità, tagliandola e rimescolandola in una serie di fughe improvvisate, ci si trova a raccontare una modernità diversa, dando voce a storie spesso finora ridotte al silenzio. In questa ripetizione e moltiplicazione della modernità emerge un altro intervallo nel tempo e nello spazio. Mentre con Julie Andrews ci si trova in un contesto musicale ben delineato, conclusivo nella sua forma ed esecuzione, viaggiamo con il sassofono di John Coltrane sulle vie improvvisate verso mete sconosciute. Chiaramente questa differenza non è semplicemente una scelta musicale, si tratta di una distinzione tra diverse formazioni storiche e culturali all'interno di una modernità condivisa ma anche differenziata tramite l'esercizio di poteri culturali, politici e storici asimmetrici.

Se restiamo un attimo sull'idea dell'intervallo – sia quello disseminato nel "rumore" di James Brown, sia quello percorso nei voli inventati da John Coltrane – possiamo dare corpo al concetto di interruzione disseminato dal suono stesso. Questi suoni sono anche i suoni, spesso indistinti e ignorati, del rumore storico e culturale che disturbano l'orchestrazione ufficiale della partitura della modernità. Sono i suoni che eccedono e confutano la strumentazione prevista, i suoi confini e limiti. Ascoltiamo a questo punto una prospettiva più estesa precisamente perché il suono e la musica insistono sul loro diritto di narrare il mondo e rifiutano di restare confinati come *oggetto* subordinato a quel mondo. Si propongono come forze affettive in grado di assoggettarci; perciò non sono semplicemente oggetti da analizzare per imbellire la narrazione storica, o per essere ristretti alla spiegazione sociale o antropologica. Il suono stesso diventa un'interrogazione e un'interruzione, e perciò appartiene a un ordine critico. Al posto della sociologia della musica o la storia della musica, ci si trova con la musica come sociologia, come storia.

Andando oltre la sociologia del suono, dove la musica spesso va ridotta a una visione strumentale che rispecchia la società in una spiegazione squisitamente funzionale, incontriamo una sfida ontologica assai più profonda ed estesa proposta da insospettati paesaggi sonori e dalle storie che sono lì custodite. Si tratta di un altro spazio, uno spazio che oggi possiamo considerare essere caratterizzato dalla condizione postcoloniale e dalla sua rivalutazione radicale della modernità che ha strutturalmente escluso altre storie, gli altri e le altre dalla narrazione del mondo moderno. Qui i suoni ci aiutano a capire come abbozzare la complessità di questa condizione su scala multipla, sia in termini locali sia globali, dato che la musica non rispetta mai i confini locali, linguistici, etnici e nazionali che siamo abituati a impiegare nelle nostre spiegazioni. I suoni viaggiano senza permesso e questo fattore ci permettere di ascoltare quello che possiamo chiamare gli archivi dimenticati, inascoltati, che sopravvivono sospesi nei suoni. Qui possiamo ascoltare le culture invisibili che ci permettono di operare quella profonda rivalutazione della modernità che pensiamo di conoscere tanto bene. Se l'esempio più noto alle nostre orecchie sono i suoni della diaspora nera, che, a loro volta, sono diventati la colonna sonora del mondo moderno e della metropoli contemporanea, possiamo comunque estendere questo apparato o *dispositif* critico anche altrove. In questo modo possiamo esplorare gli archivi dimenticati, le storie silenziose: quelle storie, culture, corpi e vite che tendono a essere esclusi dalla cultura ufficiale, che resistono e insistono in un suono.

Perciò più vicino a casa possiamo pensare ai suoni del Mediterraneo in un modo che permetta che l'istanza locale della musica venga collegata a tutta una serie di flussi che si spostano su mappe che sono allo stesso tempo locali, nazionali, trans-nazionali e planetarie. Tale cartografia sonora propone una serie di costellazioni storiche dove ogni suono risulta un archivio vitale da dove si potrebbe partire per aprire un nuovo senso storico e critico. A questo punto possiamo incominciare a pensare con il suono, e con questo ci si trova a muoversi in un paesaggio critico, culturale e storico molto, ma molto, diverso, dove la poetica del suono ci invita a pensare o ripensare il senso stesso della politica.

Viaggiare servendosi di cartografie sonore, di mappe musicali, significa ascoltare e vivere un Mediterraneo che continuamente supera una sua concezione abituale dettata da frontiere nazionali e linguistiche. Sconfinati e sovrapposti, i paesaggi sonori che s'intrecciano e si intersecano favoriscono combinazioni vibranti e risonanze culturali – una poetica, che costantemente scoraggia l'idea del definitivo. Tali suoni designano i limiti di una modernità che è stata generalmente incapace, e refrattaria a rispondere a traiettorie molteplici, e che ha optato invece per una narrativa univoca. Le marcate musicalità del *rebetiko* moderno, del *raï*, del rap locale, del flamenco, del fado, e della canzone napoletana distillano nel suono un supplemento e una via di fuga dalla storia ufficiale. Ci ritroviamo nell'ambito di una storia mutevole delle forme e delle innovazioni musicali tracciate contemporaneamente attraverso memorie, temporalità, e affettività diverse.

Qui la questione "dell'arte" non è più determinata e spiegata in termini di autonomia estetica, di mimesi storica, e rappresentazione culturale; piuttosto promuove una misura critica in termini di potere sonoro e di intensità dell'economia affettiva che essa sollecita. Nella sua istanza, la musica enuncia un sapere acustico che restituisce il corpo ai propri sensi. Un recupero delle geografie sensoriali induce a considerare la musica come epistemologia sensuale che allude a un sapere altro, subalterno e soppresso, situato nel corpo, ravvisato nel suono, registrato nel ritmo, trasmesso nella persistenza di una *bass history* del basso/dal basso (Johnson 1975). Ciò, come suggerirebbe l'antropologo Michael Taussig, spinge «al sottomettersi e al riflettersi di colui che conosce nello sconosciuto, del pensiero nel proprio oggetto» (Taussig 1993: 45). Qui interagiamo con un'epistemologia nel complesso più ampia e meno strumentale di quella associata alla prassi oggettivante della vista e all'idea della rappresentazione come verità. La musica diviene meno l'oggetto del pensiero e più l'istigatrice del pensare.

Il rifiuto di ridurre la musica a oggetto di attenzione storica, sociologica, e culturale ci invita a riflettere sulla produzione di corpi tramite i suoni. In altre parole, qui non stiamo considerando soggetti che incontrano suoni (soggetti che hanno a che fare con oggetti), stiamo piuttosto esaminando come la materialità dei suoni sia sostenuta affettivamente nei corpi individuali e collettivi in situazioni e condizioni specifiche. La musica non "rappresenta" uno stato pre-esistente, ma promuove un divenire sociale sensorio. I suoni, le pratiche musicali, e le loro dimensioni culturali ci mettono a confronto con il collasso potenziale e irreversibile della rappresentazione: il suono circola libero e dissemina una sfida critica inattesa. Un suono o un genere musicale particolare non rappresentano semplicemente, o esprimono, le questioni culturali e la presenza storica di una comunità, di un gruppo sociale, o di una sottocultura particolari. Non fanno semplicemente questo. Se le musiche inevitabilmente contribuiscono alla sintonizzazione culturale e storica del mondo che attraversano, la loro fluidità e l'immanenza differenziata del loro transito è tuttavia irriducibile a un singolo momento di assenso culturale. In questo senso, la sociologia della musica è soppiantata dalla musica come sociologia; le storie dei suoni sono sostituite dai suoni delle storie: i suoni non illustrano più le storie, ma le propongono. Questo perché il suono narra, e ha un impatto su un affetto (un ricordo, un luogo, una traccia) evocando un territorio temporaneo e una casa transitoria nel mondo. Ciò significa riflettere sull'affiliazione culturale e storica della musica – per prendere di nuovo un prestito da Edward Said – non ricorrendo alle "origini", quanto piuttosto alla comprensione più suggestiva, più fluida, e più libera degli "inizi" dei brani, che sono sempre visitati dai fantasmi di altre canzoni. È esattamente in questa chiave che i suoni si distribuiscono su "millepiani" per deterritorializzare e riterritorializzare i paesaggi culturali e le storie ricevute in eredità.

Come osserva la filosofa Rossella Bonito Oliva: «In questo orizzonte, più che mai la sonorità si lega alla memoria, la memoria vibra nella sonorità, guadagnando una continuità desiderata più che costruita, fino a quando memoria delle convenzioni e memoria personale si intersecano in un ricordo stratificato, in un linguaggio ritmato» (Bonito Oliva 2011: 23).

Nel suo articolo del 1914 dal titolo *Ricordare, ripetere, e rielaborare*, il padre della psicoanalisi ha discusso l'importanza della ripetizione nel liberarsi dai sintomi lungo i percorsi dell'attività cosciente. Inoltre, Freud ha evidenziato che la ripetizione può fornire sia un accesso alla memoria sia un modo per resisterle, rifiutarla, e reprimerla. La musica, in quanto grammatica della ripetizione, propone senza fine questo gioco fra il rievocare e reprimere il passato come parte integrante del fare la storia. Nel riverbero del suono, la musica riempie gli intermezzi nella memoria, consentendo un superamento temporaneo della resistenza alla sua presenza nel corpo che la contiene. Naturalmente, la ripetizione è sempre una forza dinamica; ciò che è ripetuto è anche rinnovato e rielaborato.

Pertanto, se il suono crea e costituisce una "casa", dobbiamo reputarlo una dimora mobile che allude a ciò che deve ancora compiersi. Da ciò che sembra apparentemente passato, ma che persiste nell'insistente ripetizione materiale del suono, emerge un futuro in divenire. Nell'istanza della reiterazione, più che ricordare ciò che si è dimenticato, non si tratta forse di riconoscere l'atto del dimenticare stesso? L'oblio è dimenticato, ma la ripetizione lo prende per mano e lo trasforma. Se non si è capaci di ricordare totalmente, i segni, i suoni, le immagini permettono di immaginare che "i ricordi divengano questa possibilità meravigliosa". La canzone e il suono non propongono il passato, ma un evento contemporaneo. Essi rivelano in un istante, nelle pieghe e nella "carne del mondo" (Merleau-Ponty), contemporaneamente l'esposizione e l'oscuramento della natura *ek-statica* del mio essere, nel rendere visibile il terreno senza fondamenta, l'abisso (*abgrund*) o "il pozzo senza fondo" di Bob Marley, del mio divenire: questo nulla. Secondo Martin Heidegger, è questo il ruolo fondamentale dell'arte. Essa conferisce visibilità temporanea a ciò che reputiamo invisibile. In *Essere e tempo*, Heidegger (1968) parla dell'"ecstatico", il principio attraverso il quale il nostro essere nel tempo è "gettato" fuori del passato e "proiettato" nel futuro. Ciò suggerisce che siamo formati in movimento. Non siamo noi a formare il movimento; piuttosto, siamo prodotti in un divenire che non è semplicemente nostro. La ripetizione – che non è una riproduzione, ma conduce alla singolarità del nuovo – determina relazioni che, come sostiene Julian Henriques (2010), promuovono un'«identità reiterativa, ricorsiva piuttosto che discorsiva», e indeboliscono «il monopolio della razionalità e della rappresentazione». Pensare alla musica come ciò che offre la potenzialità di territori di senso insospettati, assicurati da ciò che si prova anziché da ciò che si spiega, significa anche mettere in crisi i concetti di identità. Nella prospettiva di una densità materiale e affettiva, il suono, la performance, la ricezione, e la ripetizione tendono verso una nuova misura critica più vulnerabile e più aperta.

Riflettere nell'ambito di un archivio della ripetizione ci avvicina al concetto del *tarab* nella musica araba: l'estasi o il rapimento procurati dal prolungamento delle vibrazioni tramite una reiterazione che non è mai la stessa, che si dispiega senza sosta nel farsi canto e suono Diversamente dall'esecuzione isolata, individuale della perfezione musicale astratta, le possibilità performative dell'improvvisazione coinvolgono il pubblico nella sua aspirazione a creare una comunità. Nella ripetizione, in ciò che Deleuze e Guattari (2003) chiamano ritornello, risiede l'autonomia temporanea di un territorio affermato in un evento sonoro in cui la musica si fa strumento di raziocinio. Come ci suggerisce Vladimir Jankélévitch (1998), la musica guadagna tempo uscendo dalla velocità del ragionamento strumentale. Qui dove "il tempo è scisso dal tempo" (Racy 2003), la musica non "rispecchia" o "comunica" una realtà apparentemente separata e indipendente; essa stessa è un ragionamento anziché una rappresentazione. Tale distinzione inaugura una storia del discontinuo destinata a disturbare la presunta linearità e la supposta teleologia del tempo storico.

Porre l'accento sullo stato con-temporaneo del suono, in cui passato, presente, e possibili futuri sono mescolati insieme suggerisce che i suoni eccedono la linearità irredimibile del "progresso". Se il suono consiste nel rappresentare qualcosa – persino un "momento" precedente nel tempo – esso è soprattutto un atto di ricordare quel passato nel presente, e dunque mette in questione, e potenzialmente ridefinisce, quest'ultimo e i suoi possibili futuri. Non restare vittime o prigionieri di una categoria – storia, arte, estetica – significa offrire una prospettiva che attraversa il presente, fondata sulla forza della potenzialità non soltanto di ciò che è, ma anche di ciò che potrebbe essere. Questo è quanto Hannah Arendt (1999) ha definito "forza diagonale" del presente: ciò che comincia in un punto preciso tra le infinità del passato e del futuro.

In quest'ottica, il passato può tornare come un'immagine esplosiva, carica di un tempo capace di deflagrare il presente, proponendo non tanto una storia rassicurante che conduca a conclusioni familiari, quanto un'istanza che ponga sotto una luce inedita una costellazione esistente, permettendole di sfuggire dalla prigionia del senso comune. Qui, la forza critica dipende esattamente dall'*instabilità*, dall'incertezza nella nota musicale e nella partitura culturale; ossia dall'introduzione del contingente, e dalla pertinenza delle costellazioni fluttuanti di ciascuna congiuntura storica e culturale nel quadro analitico. Dunque, non sto parlando della musica come se fosse semplicemente una forza metaforica, temporaneamente capace di riconfigurare il mondo al suo passaggio. Faccio piuttosto riferimento a un evento materiale, in grado di piegare e spiegare gli avvenimenti secondo una potenzialità che viene a influenzare la nostra comprensione del "mondo". Ciò allude a uno spazio oltre la rappresentazione, e alla musica come modalità di immanenza storica. A questo punto, i suoni divengono "cristalli di tempo" condensati, in cui sussiste «l'indiscernibilità tra reale e immaginario, o tra presente e passato, attuale e virtuale» (Deleuze 1989: 84).

Bibliografia

Arendt, Hannah, 1999, *Tra passato e futuro*, Milano, Garzanti.

Bonito Oliva, Rossella, 2011, "Soggettività responsabili. Identità anacronistiche", in S. Achella, D. Rosario (a cura di), *Filosofia interculturale. Identità, riconoscimento, diritti umani*, Milano-Udine, Mimesis.

Deleuze, Gilles, 1989, *Cinema 2. L'immagine-tempo*, Milano, Ubulibri.

Deleuze, Gilles, Guattari, Félix, 2003, *Millepiani. Capitalismo e schizofrenia*, Roma, Cooper & Castelvecchi.

Freud, Sigmund, 1975, *Ricordare, ripetere, rielaborare*, in *Opere, VII, Totem e tabù e altri scritti*, Torino, Bollati Boringhieri.

Heidegger, Martin, 1968, *L'origine dell'opera d'arte*, in *Sentieri interrotti*, presentato e tradotto da Piero Chiodi, Firenze, La Nuova Italia.

Henriques, Julian, 2010, "The Vibrations of Affect and their Propagation on a Night on Kingston's Dancehall Scenes", in *Body and Society*, XVI, I.

Jankélévitch, Vladimir, 1998, *La Musica e l'Ineffabile*, Milano, Bompiani.

Johnson, Linton Kwesi, 1975, *Dread Beat and Blood*, London, Bogle-L'Ouverture.

Racy, Ali Jihad, 2003, *Making Music in the Arab World. The Culture and Artistry of "Tarab"*, Cambridge, Cambridge University Press.

Taussig, Michael, 1993, *Mimesis and Alterity*, London, Routledge.

Turetsky, Phil, 2004, "Rhythm: Assemblage and Event", in I. Buchanan, M. Swiboda (a cura di), *Deleuze and Music*, Edinburgh, Edinburgh University Press.

Musica, scrittura letteraria, semiotica, linguistica

Augusto Ponzio

La musicalità appartiene alla luce come proprietà del diafano – aria e acqua. Il diafano rende musicale la luce, poiché la luce rende musicale il diafano: il vento e le maree sono inscindibili dai corpi celesti e dalla luminosità del cielo. E la pioggia – dalle nuvole d'acqua e di sole, portate dal vento – ha un suono.

Ma è dalla vita, che la luce alimenta nell'acqua e nell'aria, che il suono irrompe in una quiete che è misura del movimento, in un silenzio che è misura della musica, in un istante temporale che spezza sempre di nuovo l'indifferenza della durata. E non v'è luce senza un vedere e un udire, non v'è luce se non in relazione a un vivere.

Diafano è lo spazio e il tempo attraverso i quali il vivere appare e si appare nella musicalità della luce.

Romano Romani, *Musicalità della luce, luminosità del tempo*, 2014

Qui sta la differenza capitale tra il linguaggio della musica e quello in senso stretto, o delle parole: che mentre i rapporti semantici del secondo si prestano a equivoci e a divergenze di opinione, in quanto si suppone che alcuni simboleggiati siano più o meno scoperti dai rispettivi simboli, se non addirittura oscillanti con essi, nel caso del linguaggio musicale raggiungiamo quasi una perfetta univocità.

Rossi-Landi Ferruccio, *Considerazioni semantiche sulla musica*, 1948

"Mark the music", questo invito all'ascolto della musica, ne *Il Mercante di Venezia* (V, i), che felicemente Pierpaolo Martino ha scelto come

titolo del suo libro, *The Language of Music in English Literature from Shakespeare in Salman Rushdie*, già dice con questo sottotitolo del rapporto tra musica e letteratura, tra musica e scrittura letteraria. Qui inviteremo ad "ascoltarne l'eco" nell'ambito della linguistica, intesa come linguistica dell'enunciazione e non della frase (Ponzio 2013), e della semiotica nella sua piega "semioetica" (Petrilli 2014a e 2014c).

> GESSICA: Io non sono mai allegra quando ascolto la musica
> LORENZO: La ragione è che la tua mente è sempre all'erta.
> [...] il poeta
> si finse che Orfeo ammaliava alberi, pietre e fiumi
> poiché niente è così ottuso, duro e furente,
> che la musica non ne cambi la natura con il suo tempo.
> [...] ascolta la musica, *mark the music*.

Questa funzione "calmante", rasserenante, della musica è il motivo per il quale Roland Barthes in *Le discours amoureux* (2007: 214-216) si sofferma sul rapporto tra musica e "sofferenze d'amore" intitolando una delle "figure" (la n° 59) del "discorso amoroso" (nel Seminario del 1974-1975 all'École pratique des hautes études), *Musica*: «[...] associazione privilegiata tra la musica e l'amore, effetto esaltante e pacificante della musica sul "deperimento" amoroso» (ivi: 214). Barthes sceglie l'"insegna" della figura *Musica* nell'ambito della scrittura letteraria (e dove meglio?): si tratta di un passo del libro di Goethe, *Le sofferenze del giovane Werther*, in cui Werther dice:

> C'è una melodia che Charlotte suona al piano con ispirazione angelica, tanto è semplice e veemente il suo tocco. È la sua canzone prediletta, e mi basta udirne la prima nota per sentirmi confortato d'ogni pena, e d'ogni turbamento ed errore (Goethe 1979: 45).

Nella figura *Musica* Barthes fa anche riferimento a Schubert: "Du bist die Ruh" ("Tu sei il riposo", lied per voce e piano (1823) sul testo di Friedrich Ruckert (op. 59, 3, D 776).

Osserva Pierpaolo Martino (2012: 10):

> First of all, music is a bodily experience which always involves a vibration and response of the bodies of both performer and listener. [...] Lorenzo's reference to the sound of the trumpet connects with

Roland Barthes's theory of the "grain of the voice" (Barthes, "The grain of the voice", in Barthes 1977a: 179-189); we are indeed attracted by specific sounds and by the peculiar quality of a vocal or instrumental performance.

Possiamo aggiungere quanto Barthes riferisce nella citata figura *Musica* (e anche in *S/Z*) a questo proposito:

> Il castrato Farinelli e Filippo V di Spagna: canta per quattordici anni ogni sera la stessa romanza (con un compenso enorme). Ruolo ipnotico del canto, della voce: io non mi sono mai sentito offeso nel vedere, durante una mia conferenza, qualcuno addormentarsi nella sala (è sempre accaduto). Ho preso ciò come una gratificazione indirizzata al mio corpo – che forse, come per Werther, conta più narcisisticamente, anziché al mio intelletto.

Scrive Pierpaolo Martino riprendendo il titolo del suo libro:

> *Mark the music*: responds to Bakhtin's invitation (to look to one language through the eyes of another, offering a musical reading of some key moments and experiences relating to the world of English literature, and to the many worlds of the literatures in English [...] (Martino 2012: 13).

A musical reading of literature: ecco dunque una possibile individuazione di rapporto tra musica e letteratura che attraversa il libro di Pierpaolo Martino su "*the language of music in English literature*":

> Literature establishes a communicative process which is very similar to the one established by the language of music [...]. Music and literature have also in common that very peculiar form of dialogism, which is intertextuality,

scrive l'autore (ivi: 15) facendo diretto riferimento a Roland Barthes, "The Death of the Author", in Barthes 1977a: 142-148.

La letteratura, la scrittura letteraria, l'arte verbale, permette, dalla sua prospettiva specifica, caratterizzata dall'ascolto e dalla raffigurazione della parola altrui, di cogliere in pieno lo spessore dialogico, semantico, espressivo della lingua, perché non si limita a rappresentarla nella sua identità sancita dall'ordine del discorso, ma ne raffigura l'alterità che ne consente l'impiego in maniera non ripetitiva, piatta, monologica. Lo scrittore, dice Bachtin (1988), è colui che "indossa la veste del tacere", ponendosi in ascolto.

La scrittura letteraria mette in scena se stessa quando mette in scena il tacere come ascolto rispondente e ne fa l'elogio. Un esempio è dato dalla scena della scelta degli scrigni nel *Mercante di Venezia* di Shakespeare. Lo scrigno di piombo allude a un significante vuoto, che dice tacendo e soltanto a chi lo sa ascoltare. Il tacere del piombo è analogo a quello di Cordelia nel *Re Lear*. Bassanio, nella scelta fra i tre scrigni, all'"eloquenza" dell'oro e dell'argento preferisce il tacere del piombo. Al *senso ovvio* della *significazione* di quello d'oro e di quello d'argento, lo scrigno di piombo contrappone il *senso ottuso* (Barthes) della *significanza*. Per la sfida che lancia con il suo carattere reticente e schivo, lo scrigno di piombo recita la seduzione della scrittura, della scrittura letteraria, della scrittura musicale.

Il rapporto tra la musica e il discorso amoroso in quanto tema della letteratura (lo abbiamo visto nella citazione emblematica dal *Werther*) è anche rapporto tra musica e scrittura letteraria. In Shakespeare il rapporto musica-amore occupa un posto centrale nel *Mercante di Venezia*. Mentre Bassanio, innamorato di Porzia, è sottoposto alla scelta degli scrigni, ecco una canzone, solo per lui, che quindi gli vale come suggerimento (III, ii, 63-72):

Porzia: Dimmi dove nasce amore
Nella testa oppur nel cuore?
Come esso vien creato,
come è poi alimentato?
Rispondi rispondi.
Dentro gli occhi è generato
E di sguardi vien nutrito;
e così l'amore muore
nella culla dove è nato.
Per l'amor si suoni a morto
Din don dan. Qui suonate la campana.
Tutti: Din don dan.

I pretendenti di Porzia devono sottoporsi a una prova, voluta da suo padre per evitare che, in quanto ricca ereditiera, andasse in sposa a qualcuno interessato a lei soltanto in quanto tale. Ci sono tre scrigni, uno d'oro, uno d'argento e uno di piombo, e in uno di essi è racchiusa la sua immagine. Chi capirà in quale dei tre l'immagine si trova, avrà la donna in sposa. Il ritratto della donna amata è racchiuso nello scrigno di piombo, anzi, come Porzia stessa si esprime, la donna amata stessa vi è racchiusa, vi è serrata. Sullo scrigno d'oro è scritto che chi lo sceglie avrà tutto ciò che desidera; su quello d'argento è scritto che chi lo sceglie avrà tutto ciò che merita; su quello di piombo è scritto che chi lo sceglie *rischia di perdere anche tutto ciò che possiede*. Ciò che Bassanio, veramente innamorato di Porzia, deve comprendere, perché la sua scelta sia giusta, è l'analogia, la somiglianza non concettuale ma metaforica, letteraria, fra il suo amore e lo scrigno di piombo. Il discorso amoroso, così come si è andato costituendo nella nostra cultura, prevede questa analogia: perciò esprimere l'amore mediante questa scelta simbolica acquista il valore di prova di "vero amore", e la prova dei tre scrigni è un test sulla capacità di amare.

C'è un'analogia tra il rischiare tutto e l'essere innamorato: Porzia indica implicitamente questa analogia già proponendo ai suoi pretendenti la scelta degli scrigni, perché chi accetta per amore suo la scelta rischia non solo di perdere lei, ma anche la possibilità di avere in sposa qualsiasi donna, perché prima di scegliere dovrà giurare, non solo di non rivelare a nessuno la sua scelta, ma anche di non domandare mai più a una donna di accettarlo per sposo. Che, per scegliere lei, bisogna rischiare forte, Porzia lo dice anche apertamente ai suoi pretendenti. Ma nei confronti di Bassanio, è ancora più esplicita. Gli parla con lo stesso linguaggio con cui si esprime lo scrigno di piombo, con le stesse parole della iscrizione incisa su di esso. "*Who chooseth me must give and hazard all he hath*", dice questo scrigno. E prima che Bassanio si sottoponga alla prova, Porzia gli rivela il suo amore, ma non dichiarandolo apertamente ma appellandosi alla sua capacità di capire che non vorrebbe *rischiare di perderlo*, anche se sa che tuttavia per essere sua sposa *deve rischiare di perderlo* e sottoporlo alla prova. Gli dice dunque il suo amore mettendolo a parte del rischio che, in questo caso, lei stessa corre con questa prova. La passione amorosa si colloca nel campo delle spese senza guadagno, delle spese inutili, delle tensioni infunzionali. Rischio di perdere tutto, di allontanamento da ciò che ci appartiene, senza possibilità di ritorno, un dare senza avere nulla. È questo l'amore, e chi ne accetta il gioco lo sa. L'amore non promette nulla, non restituisce, non pareggia, non rientra nell'orizzonte dell'eguaglianza, dello scambio; non sul corrispondere e sul ricambiare si regge la passione amorosa, non da essi dipende l'attrazione per la persona amata.

"*Dull lead*" (II, vii, 2): *dull* significa non soltanto "opaco", aggettivo appropriato di questo metallo, ma anche ottuso, smussato, spuntato, monotono, noioso, non brillante, ottuso anche nel senso di non acuto di mente, di stupido. Oltre a *dull* un altro aggettivo riferito allo scrigno di piombo è *blunt* (stesso verso), crudo, reciso, brusco, rude (rozzo, *gross*, 50), ma anche smussato, ottuso, corto di mente (anche *gross* significa ottuso). Lo scrigno d'oro e quello d'argento hanno il senso ovvio della *significazione*, un senso troppo chiaro, troppo forte; lo scrigno di piombo ha il senso ottuso della *significanza*, ha il suo carattere reticente, schivo, sfuggente e ostinato insieme (Barthes, *L'ovvio e l'ottuso*, 1982). Perciò, per Bassanio, esso allude al carattere seducente della donna amata, ne può contenere l'immagine.

Lo scrigno di piombo è *dull* anche nel senso che esso è smorto, appannato, smorzato, offuscato, spento. Esso ha il pallore (*paleness*, III, ii, 106) della morte. Bassanio supera la prova quando preferisce il *meager lead* (III, ii, 104), la sua dappocaggine, il suo scialbore, il suo mutismo, all'eloquenza, alla loquacità e all'aspetto ammiccante degli scrigni d'oro e d'argento. Per il mutismo del piombo, la scelta di questo scrigno somiglia alla scelta che compie chi ama, la scelta dell'indifferente (Proust 1978). È questo un luogo ricorrente nella logica dell'amore. Nel *Diario del seduttore* (Kierkegaard 1843), Johannes, discepolo attento della seducente Cordelia, egli che pende dalla sua labbra per imparare a sedurla, le scrive in una lettera: "Ma tu non dici proprio nulla". «Eros non parla, e se parla il suo è un alludere misterioso», annota Johannes nel suo diario.

Nel libretto de *La belle Hélène* musicato da Hoffenbach, Paride raccontando della scelta fra le tre dee, dopo aver parlato delle argomentazioni delle altre due dee per farsi scegliere, dice di Afrodite: «La terza, la terza… / La terza non disse niente. / Ebbe il premio proprio lei». Cordelia, la minore delle tre figlie del re Lear, non dice nulla del suo amore per il padre, ma dice, a parte, mentre ascolta le altre due sorelle, Gonerilla e Regana, ostentare i propri sentimenti verso il padre (Shakespeare, *King Lear*, I, 1): "Che potrà fare Cordelia? Amare e starsene zitta". E al padre che le chiede che cosa ha da dire circa il suo amore per lui, Cordelia risponde: "Nulla, mio signore, nulla".

Nella scelta degli scrigni, e in altre situazioni analoghe ritrovabili in miti, fiabe e poemi, come Freud intuisce, «la scelta va a finire sulla morte, che pur nessuno sceglie e di cui si diviene vittima per volontà del destino» (Freud 1913, trad. it. 1980: 215). Il paradosso è solo apparente. E contrariamente alla spiegazione che ne dà Freud, fra eros e morte non c'è opposizione. «Dell'erotismo si può dire, innanzitutto, che esso è l'approvazione della vita fin dentro la morte» (Bataille 1976: 19). Freud, studiando il motivo della scelta degli scrigni, non tiene conto di questo collegamento fra mutismo ed eros. Ha giustamente rilevato però il collegamento fra mutismo e morte: il mutismo, come nei sogni, è qui una raffigurazione simbolica della morte. Lo scrigno di piombo allude dunque, al tempo stesso, alla donna amata e alla morte. O meglio: allude alla donna amata perché alludono alla morte. Nell'identificazione fra il piombo dello scrigno e la donna amata, è implicita la connessione, la metafora letteraria, fra eros e morte: la passione per l'indifferenza (Proust 1978) come anticipazione della morte; la seduzione della sfida, della reticenza, dell'ottusità, come attrazione, come fascino, della morte. Freud stabilisce invece un rapporto di opposizione fra eros e morte, e allora crede di trovarsi di fronte a una contraddizione:

> La terza sorella dovrebbe essere la Dea della Morte, cioè la Morte stessa, e, invece, nel giudizio di Paride, essa è la dea dell'Amore, nella favola di Apuleio una beltà paragonabile a quella dea, nel *Mercante* la più bella e la più accorta fra le donne, nel *Lear* la sola figlia fedele. Potrebbe immaginarsi una contraddizione più flagrante? (Freud 1913, trad. it. 1980: 215).

Freud risolve questa contraddizione mantenendo il principio del carattere opposto di morte ed eros e facendo ricorso alla «conversione nell'opposto mediante la cosiddetta formazione reattiva» (*ibid.*). Alla stessa maniera egli spiega anche come la libera scelta fra donne possa conciliarsi con la morte che invece non è scelta ma subita.

> Si tratta qui di un desiderio che si esprime mediante un'inversione. La libertà della scelta sta al posto della necessità, dell'inesorabilità del destino. In tal modo l'uomo vince la morte che ha dovuto riconoscere con l'intelletto. Non si può immaginare trionfo maggiore dell'appagamento di desiderio. Là dove nella realtà si è costretti a ubbidire per forza, qui si sceglie; e colei che viene scelta non è la terribile, ma la più bella, la più desiderabile delle creature (ivi: 216).

Invece di essere un principio antagonista rispetto alla morte, l'eros ne anticipa l'ottusità, l'indifferenza, il vuoto di significato, l'infunzionalità, lo spreco, il lusso, la perdita, il carattere di sovrappiù disaggregante, decostruttivo, la sua antieconomicità. L'amore allude alla morte, ed è per tale allusione che Bassanio sceglie il silenzioso pallore dello scrigno di piombo.

L'allusione alla morte è un indizio importante per il superamento della prova degli scrigni. Il principe del Marocco la intuisce quando associa il piombo al lenzuolo funebre (II, vii, 50), giudicandolo troppo rozzo per contenere non solo l'immagine di Porzia ma anche il suo sudario. Lasciandosi attrarre dall'allettante apparenza, egli sceglie lo scrigno d'oro, e vi trova un teschio. Alla morte alludono le parole di Porzia quando Bassanio si accinge a compiere la sua scelta: chiede che, mentre egli sceglie, suoni una musica, così se perde la sua fine sarà simile a quella del cigno che muore nel canto; e aggiunge: «[…] *my eye shall be the stream / and wat'ry deathbed for him* […]», il mio occhio sia per lui il fiume e il liquido letto di morte (III, ii, 46-47). Dunque anche la canzone intonata mentre Bassanio sceglie associa amore e morte, e nella strofa finale si parla di una campana che suona a morto (*knell*).

Mark the music. *Mark* not *listen*: *listen to the music*: ascolta la musica. *To mark*: segnare, contrassegnare, marcare, indicare, fare attenzione, notare, ascoltare bene. Di quest'altra portata semantica del consiglio, suggerimento, comando, prescrizione, *Mark the music*, rispetto al più semplice *Listen to the music*, la scienza, la teoria, la dottrina dei segni, comunque si voglia caratterizzare quella disciplina che va sotto il nome di *semiotica*, non può non tenere conto. E come se si dicesse: "semiotica, *mark the music*, ascolta e tieni in considerazione la musica!".

Quando la semiotica si è presentata già bella e pronta di fronte al linguaggio musicale, per "applicarsi" a esso, in modo da realizzare una semiotica della musica, è stato un fallimento. In quanto scienza generale dei segni, la semiotica deve necessariamente fornirsi di un *modello di segno in generale*, diversamente da quanto ha fatto come *semiologia*, così forgiata sul segno verbale, e così subalterna alla linguistica, da far dire giustamente a Roland Barthes (1977a) che, anziché comprendere la linguistica come suo settore, quella che doveva essere la scienza generale dei segni è risultata, come semiologia, un settore della linguistica. Il modello di segno, di una scienza generale dei segni, deve essere un modello specificamente *semiotico*, e cioè non coincidente con quello di segno verbale e quindi, come tale, capace anche di rendere conto dei segni più refrattari rispetto a categorie semiotiche fonocentriche (come tali, pseudosemiotiche). La cartina di tornasole di un modello semiotico del genere è offerta dal linguaggio musicale che è tanto refrattario alle categorie fonocentriche che, di fronte alla difficoltà di omologarlo al linguaggio verbale, nasce la tentazione di non consideralo un "linguaggio". Il linguaggio musicale è quello maggiormente recalcitrante alla sua riduzione a un modello, il segno costruito secondo una prospettiva glottocentrica. La musica ha rappresentato finora un territorio a sé stante, resistente fino all'irriducibilità all'inglobamento nella visione generale di ciò che è segno e linguaggio. Il linguaggio della musica si è prestato ben poco a essere trattato alla stregua di ciò che le scienze dei segni hanno definito come linguaggio. Al punto che la semiotica della musica non può più prescindere dalla questione "quale semiotica per la musica?", disponendosi alla messa in discussione di se stessa di fronte a questo "linguaggio" refrattario alle proprie categorie.

Mark the music: una *decostruzione* e *ricostruzione* dei modelli semiotici (semiologici) si impone. Si impone nel senso che una semiotica *della* musica non può essere la semiotica *applicata* alla musica, ma *una semiotica che sia della musica*, che le appartenga, che verifichi la sua possibilità di ricostruzione a partire dalla sua prospettiva. Si tratta dunque di riconsiderare i concetti stessi di "linguaggio", di "significato", di "segno", di "interpretazione", di "comprensione", di "comunicazione". Ciò può rendere possibile una riflessione semiotica sulla musica che consenta il parlarne senza sottometterla al potere del segno verbale e alla semiotica (semiologia) costruita in funzione di esso.

Dicendo della necessità di costruire una *semiotica della musica*, non stiamo parlando di una questione di semiotica settoriale, speciale. Se nella musica abbiamo a che fare con linguaggi e segni, si tratta sicuramente dei segni più refrattari, più resistenti al "parlare dei segni", più "altri". E proprio per questo la semiotica che deve fare da fondamento alla linguistica generale deve, già *nel momento della sua costituzione come semiotica generale*, tenere conto del problema della possibilità di una semiotica della musica, anzi partire proprio da esso, perché così può costruire un modello di segno non rigido, non limitato, che non diventi una sorta di letto di Procuste quando venga "applicato" alla musica. Bisogna interrogarsi sulla possibilità di una semiotica della musica, fin dal momento della costituzione di una semiotica generale (v. Lomuto-Ponzio 2002). È necessario verificare, fin dall'inizio, in una teoria generale dei segni e quindi nella fondazione semiotica della linguistica generale, la possibilità di una *semiotica della musica*, in cui "della musica" sia un "genitivo soggettivo" e non un "genitivo oggettivo": non una semiotica che abbia come oggetto su cui si applica la musica, ma una semiotica che abbia la musica come suo punto di vista. Una semiotica che *al voler sentire* (pratica dell'interrogatorio poliziesco, della commissione d'esame, del confessionale e della seduta psichiatrico-psicoanalitica) sostituisca l'atteggiamento dell'*ascolto*. Non l'"ascolto applicato" (Barthes 1977b), il voler sentire, il costringere a dire, ma l'*ascolto rispondente* (Bachtin).

A partire da una "semiotica musicale", da una semiotica della musica nel senso suddetto, da una semiotica dell'ascolto, bisogna riconsiderare anche l'enunciazione verbale. Le procedure di accostamento al verbale da parte di una linguistica generale devono essere stabilite anche in considerazione di ciò che nella musica è essenziale: l'ascolto. È la possibilità di comprensione rispondente il criterio per il quale una realizzazione verbale può essere considerata un'*enunciazione*. Qualsiasi unità linguistica capace di essere soltanto identificata, ma non compresa, non è una enunciazione, come nel caso della "frase" (dalla linguistica tassonomica a quella generativo-trasformazionale di Noam Chomsky). L'articolazione di un complesso verbale più o meno ampio, cioè di un testo verbale, in enunciazioni, è determinato dal costituirsi di unità minime in grado di ricevere comprensione rispondente. In rapporto a una semiotica "musicale", una semiotica dell'ascolto, bisogna costruire una *linguistica dell'enunciazione*.

Dire che nel linguaggio verbale predomini il *detto*, mentre nella musica sia decisivo il *dire* è vero fino a un certo punto, e, estremizzato, comporta una visione riduttiva del verbale. Nel verbale, soprattutto la scrittura letteraria realizza rapporti di comunicazione che non sono diversi da quelli del linguaggio musicale, dato che in entrambi i casi il detto è fondamentalmente pretesto del dire. Ciò avvicina la musica e la scrittura letteraria a modalità di espressione come la pittura, la scultura, in cui, anche quando c'è qualcosa di narrato, di rappresentato, di comunicato, questo qualcosa è solo mezzo per la realizzazione dell'opera: ciò che conta è il *come*, e, rispetto a esso, il *che cosa* è solo pre-testo. Ma anche nel linguaggio verbale quotidiano si realizzano situazioni di questo genere: per esempio, in quel tipo di dialogo che può essere indicato come avente una funzione "fatica" (il "parlare del tempo che fa" nella conversazione di "contatto", o di "intrattenimento". E ciò ha evidentemente qualche evidente rapporto con la funzione "poetica", "letteraria", se Maurice Blanchot intitola un suo libro sulla letteratura *L'infinito in-*

trattenimento) o "divertente". Non soltanto nella narrazione con valore letterario, ma anche per far ridere raccontando una barzelletta, ciò che conta soprattutto è saperla raccontare, è come la si dice.

Una semiotica della musica nel senso suddetto deve avere l'ampiezza maggiore possibile. Non è per il suo *eccesso di astrazione* che la semiotica non riesce a rendere conto della musica, ma per *difetto di astrazione*. Una semiotica della musica deve uscire dall'esperienza piccola e produrre astrazioni capaci di contenere ciò che Bachtin chiama "esperienza grande". Un contributo in tal senso può provenire dalla ricerca semiotica come è intesa e svolta da Thomas Sebeok, sulla base dell'insegnamento diretto di due grandi "maestri di segni", Roman Jakobson e Charles Morris. Essa considera i segni non isolatamente dall'interconnessione corporea, guardandoli secondo una prospettiva che rompe il separatismo delle scienze e mette in discussione il carattere antropocentrico e glottocentrico prevalente nella concezione "semiologica" dei segni e della comunicazione. Si tratta dunque di riconsiderare secondo questa prospettiva i concetti stessi di "linguaggio", di "significato", di "segno", di "interpretazione", di "comprensione", di "comunicazione". A partire da uno studio dei segni che *marks the music*, nel senso che assume un atteggiamento di ascolto, che si renda "arte dell'ascolto", è possibile che la semiotica e la linguistica pervengano allo statuto di "scienza rigorosa", cioè capace di rispondere responsabilmente delle proprie costruzioni e interpretazioni.

Bibliografia

Bachtin, Michail, 1981, *The Dialogic Immagination*, a cura di M. Holquist, trad. it. di C. Emerson e M. Holquist, Austin, University of Texas Press.

Bachtin, Michail, 1988, *L'autore e l'eroe*, trad. it. di C. Strada Janovič, Torino, Einaudi.

Bachtin, Michail, Vološinov, Valentin N., 2010, *Parola propria e parola altrui nella sintassi dell'enunciazione*, a cura di A. Ponzio, Lecce, Pensa Multimedia.

Bachtin, Michail e il suo circolo, *Opere 1919-1930*, testo russo a fronte, trad. it., intr. e cura di A. Ponzio con la collab. di L. Ponzio, coll. *Il pensiero occidentale*, Milano, Bompiani.

Barthes, Roland, 1966, *Elementi di semiologia*, trad. it. di A. Bonomi, Torino, Einaudi.

Barthes, Roland, 1973, *S/Z. Una lettura di "Sarrasine" di Balzac*, trad. it. di L. Lonzi, Torino, Einaudi.
Barthes, Roland, 1977a, *Image-Music-Text*, a cura di S. Heath, London, Fontana Paperbacks.
Barthes, Roland, 1977b, "Ascolto" (con Roland Havas), in *Enciclopedia*, vol. I, Torino, Einaudi.
Barthes, Roland, 1979, *Frammenti di un discorso amoroso*, Torino, Einaudi.
Barthes, Roland, 1985, *L'ovvio e l'ottuso*, trad. it. di C. Benincasa *et alii*, Torino, Einaudi.
Barthes, Roland, 2007, *Le discours amoureux. Seminaire à l'École pratique des hautes études 1974-75*, Paris, Seuil, trad. it. di A. Ponzio, *Il discorso amoroso*, Milano, Mimesis, 2015.
Barthes, Roland, 2010, *La formazione del romanzo*, 2 voll., intr., cura e trad. di E. Galiani e J. Ponzio, Milano, Mimesis.
Bataille, Georges, 1957, *L'Erotisme*, Paris, Minuit, trad. it., *L'erotismo*, Milano, Mondadori, 1976.
Blachot, Maurice, 1977, *L'infinito intrattenimento*, trad. it. di R. Ferrara, Torino, Einaudi.
Caputo, Cosimo, Petrilli, Susan, Ponzio, Augusto, 2006, *Tesi per il futuro anteriore della semiotica. Il programma di ricerca della Scuola di Bari-Lecce*, Milano, Mimesis.
Deleuze, Gilles, 1967, *Marcel Proust e i segni*, trad. it. di C. Lusignoli, Torino, Einaudi.
Freud, Sigmund, 1913, *Das Motiv der Kastchenwahl*, trad. it. *Il motivo della scelta degli scrigni*, in S. Freud, *Opere*, vol. VII, Torino, Boringhieri, 1980.
Goethe, J.W., 1979, *Romanzi*, a cura di R. Garuzzi, pref. di C. Magri, Milano, Mondadori.
Jakobson, Roman, 1978, *Lo sviluppo dell semiotica*, trad. it. di A. La Porta, E. Picco e U. Volli, intr. di U. Eco, Milano Bompiani.
Kierkegaard, Søren, 1843, *Enten-Eller*, trad. it. di A. Cortese, 5 voll., Milano, Adelphi, 1976-89.
Lomuto, Michele, Ponzio, Augusto, 2002, *Semiotica della musica*, Bari, Graphis.
Martino, Pierpaolo, 2012, *Mark the Music. The Language of Music in English Literature from Shakespeare to Salman Rushdie*, Roma, Aracne.
Morris, Charles, 2009, *Lineamenti di una teoria dei segni*, trad. it. di F. Rossi-Landi, a cura di S. Petrilli, Lecce, Pensa Multimedia.
Morris, Charles, 2012, *Scritti di semiotica, etica e estetica*, a cura di S. Petrilli, Lecce, Pensa Multimedia.
Peirce, Charles S., 2010, *Opere*, a cura di M.A. Bonfantini, coll. *Il pensiero occidentale*, Milano, Bompiani.

Petrilli Susan, 2014a, (a cura di), *Semiotica e comunicazione globale*, coll. *Athanor. Semiotica, filosofia, arte, letteratura*, XXV, n.s. 17, Milano, Mimesis.
Petrilli Susan, 2014b, *Riflessioni sulla teoria del linguaggio e dei segni*, Milano, Mimesis.
Petrilli Susan, 2014c, *Sign Sudies and Semiotica. Communication, Translation and Values*, Berlino, De Gruyter Mouton.
Ponzio, Augusto, 2003, *Tra semiotica e letteratura. Introduzione a M. Bachtin*, coll. *Il campo semiotico*, Milano, Bompiani.
Ponzio, Augusto, 2007, *Linguistica generale, scrittura letteraria e traduzione*, Perugia, Guerra Edizioni.
Ponzio, Augusto, 2011, *Interpretazione e scrittura. Scienza dei segni e eccedenza letteraria*, Lecce, Pensa Multimedia.
Ponzio, Augusto, 2013, *Il linguaggio e le lingue. Introduzione a una linguistica generale*, Milano, Mimesis.
Proust, Marcel, 1978, *L'indifferente*, a cura di M. Bongiovanni Bertini, introd. di G. Agamben, Torino, Einaudi.
Romano, Romani, 2014, "Musicalità della luce, luminosità del tempo", in *Semiotica e comunicazione globale*, a cura di S. Petrilli coll. *Athanor. Semiotica, filosofia, arte, letteratura*, XXV, n.s. 17, Milano, Mimesis.
Rossi-Landi, Ferruccio, 1948, "Considerazioni semantiche sulla musica", *La Rassegna Musicale*, 2, XVIII, pp. 113-122.
Sebeok, Thomas, 2003, *Segni. Una introduzione alla semiotica*, trad. it., introd. e cura di S. Petrilli, Roma, Carocci.
Shakespeare, William, 1999, *Il Mercante di Venezia*, con testo a fronte, pref., trad. it. e note di A. Serpieri, Milano, Garzanti.
Vološinov, Valentin N., 1926, "La parola nella vita e nella poesia", in Bachtin e il suo circolo, 2014, *Opere 1919-1930*, testo russo a fronte, trad. it., intro e cura di A. Porzio con la collab. di L. Ponzio, coll. *Il pensiero occidentale*, Milano, Bompiani, pp. 271-333.

I testi di David Byrne per i *Talking Heads*: il postmoderno a tempo di rock

Silvia Albertazzi

How do you get to *nowhere* from *here*, anyway?
Jonathan Lethem, *Fear of Music*

David Byrne ha oggi superato la sessantina. Aveva venticinque anni quando pubblicò il primo album, *77*, insieme ad altri tre giovani – Chris Frantz, Jerry Harrison e Tina Weymouth – che con lui costituivano il gruppo dei *Talking Heads*, destinato a rivoluzionare di lì a qualche anno la scena rock, non solo americana. L'originalità musicale dei *Talking Heads* non costituisce, ovviamente, materia di analisi in questa sede: in questo saggio vorrei invece mostrare come i testi scritti da Byrne per il gruppo siano non solo funzionali al discorso ritmico, ma presentino tutte le caratteristiche strutturali, i moduli di pensiero e le tematiche tipici della temperie culturale in cui sono stati concepiti, rielaborati da una mente creativa attenta e ironica. Si veda, per iniziare, *No Compassion*, un brano in cui Byrne (che dei *Talking Heads* è anche il cantante, ovvero il depositario per antonomasia del messaggio verbale) esprime le proprie perplessità di fronte alla smania di comunicare, di parlare e parlarsi addosso propria dei tardi anni Settanta, riconoscendosi al contempo afflitto da quella tendenza a caricarsi il mondo sulle spalle – salvo poi lamentarsene di continuo – che contraddistingue un po' tutta la sua generazione e che in Italia, per esempio, trova al cinema, più o meno negli stessi anni, un'ideale personificazione nel Michele Apicella di Nanni Moretti:

> In a world where people have problems / In a world where decisions are a way of life / Other people's problems, they overwhelm my mind

/ Compassion is a virtue, but I don't have the time [...] / You take my compassion and put it as far as it goes / My interest level's dropping, my interest level's dropping / I won't listen anymore/ What are you, in love with your problems? / I think you've taken it a little too far / There's nothing cool about having a problem / Don't expect me to explain your indecision / Go talk to your analyst, isn't that what he's paid for? (Byrne in Bertrando 1994: 52).

L'empatia con l'ascoltatore è guardata con sospetto; persone e situazioni non sono individualizzate, ma rappresentate; il modo narrativo (o poetico) di Byrne è diegetico, piuttosto che mimetico. I personaggi che appaiono nelle liriche in questa prima fase della sua carriera sono spesso sull'orlo di una crisi di nervi, incapaci di adattarsi alla realtà quotidiana. Il rischio della frammentazione dell'io e della schizofrenia è enorme per queste figure che non riescono a stabilire normali relazioni o a comunicare con i loro simili. Non sorprende che proprio in questo periodo nasca la più famosa maschera poetica di Byrne, "Psycho Killer", un assassino psicotico che deriverebbe direttamente dal Norman Bates protagonista del film *Psycho* di Alfred Hitchcock. In *Psycho Killer*, una canzone che fu scritta probabilmente nel 1974 o nel '75, ma registrata solo nel 1977[1], troviamo un tentativo di tradurre in parole (e musica) la frammentazione dell'io. L'assoluta incapacità del killer di adattarsi al reale è suggerita dal ripetersi di una domanda in francese, la cui risposta è un ritornello inarticolato. Altre frasi in francese tentano di svelare quale crimine sia stato commesso, mentre la nevrosi del personaggio è evidente in versi come: «*I hate people when they're not polite*» e «*When I've nothing to say, my lips are sealed / Say something once, why say it again?*» (Byrne in Bertrando 1994: 56). Come ha notato il filosofo olandese Sytze Steenstra, il tema di base della canzone, così come di tutto l'album *Talking Heads 77*, è la relazione problematica tra linguaggio e io, e più in generale tra linguaggio e realtà (Steenstra 2010: 41). In tal modo, il tipico tentativo postmoderno di abolire ogni confine tra generi letterari e media si intreccia alla ricerca di un linguaggio che possa esprimere la dislocazione e la

[1] Si leggano a questo proposito le parole dello stesso Byrne: «*The song "Psycho Killer" began in my room as an acoustic ballad, and I asked Chris and his girlfriend Tina for help on it. For some reason I wanted the middle section to be in French, and Tina's mom was French, so she had some skills there. I imagined that this serial killer fancied himself as a great and visionary sophisticate in the model of either Napoleon or some Romantic lunatic*» (Byrne 2013: 42).

frammentazione che caratterizzano il tardo ventesimo secolo, enfatizzati anche dal modo di cantare e dalla performance di Byrne che, a detta di Steenstra, passando senza soluzione di continuità dalla calma al furore, suggeriscono «*that it is hard to know one's own voice in the middle of the babble of different voices in which we talk to ourselves, especially when the media present so many powerful and convincing examples*» (ivi: 37). Lo stesso Byrne a questo proposito ricorda:

> I was incredibily shy at the time and remained so for many years [...] In retrospect, I guess that like many others I decided that making my art in public was a way of reaching out and communicating when ordinary chitchat was not comfortable for me (Byrne 2013: 38).

Non è un caso, forse, che la raccolta successiva a *Talking Heads 77* si intitoli *More Songs About Buildings and Food*, anche se case, palazzi e cibi non appaiono quasi mai nei testi. Edifici e cibo rappresentano la quotidianità, il banale elevato a norma di vita: e se non se ne parla apertamente nelle canzoni è perché, più ancora che all'ordinario, Byrne fa riferimento a quello che Perec chiama l'infra-ordinario, il rumore di fondo, la quotidianità apparentemente senza storia. Proprio attraverso il riferimento al *food*, il disco sembra porsi in un contesto ironicamente brechtiano, riecheggiando nell'allusione al cibo le celebri istanze del drammaturgo tedesco sul teatro "gastronomico". A chi vi si accosti criticamente le canzoni di Byrne propongono un rapporto testo/musica/interpretazione che non sembra arbitrario accostare a quello indicato da Brecht nelle note all'opera *Ascesa e rovina della città di Mahagonny*: «la musica è mediatrice, interpreta il testo, prende partito; il cantante diventa un relatore i cui privati sentimenti debbono rimanere affare privato» (Brecht 1963: 576). In concerto, l'effetto di straniamento è assicurato: con il suo canto che sembra a volte fuori e contro il tempo, con le sue movenze nervose, asimmetriche e scoordinate Byrne "mostra" brechtianamente il testo piuttosto che interpretarlo, si fa maschera dell'individuo alienato a cui il proprio essere sociale è divenuto tanto estraneo da poterlo contemplare sotto un punto di vista antitetico al proprio. Così, se in *77* Byrne aveva inserito una canzone, *Don't You Worry About the Government*, in cui esponeva un discorso politico in un'ottica completamente diversa dalla propria, in *More Songs About Buildings and Food* troviamo *The Big Country* che, partendo da una descrizione paesistica asettica e oggettuale (lo stesso Byrne ammetterà di essersi ispirato a Robbe-Grillet), giunge a un'imprevista dichiarazione finale di odio per quel mondo descritto tanto minuziosamente. È interessante notare come entrambi i pezzi nascano da premesse puramente descrittive (da *école du regard*, appunto) e si pongano l'assunto, tipicamente byrniano, di esporre visioni assolutamente dissimili non solo tra di loro, ma anche da quella dello stesso autore. Si leggano i seguenti versi reperibili in *Don't You Worry About the Government*:

> I see the clouds that move across the sky / I see the wind that moves the clouds away / It moves the clouds over by the building / I pick the building that / I want to live in / I smell the pine trees and the peaches in the woods / I see the pinecones that fall by the highway / That's the highway that goes to the building [...] / I see the states, across this big nation / I see the laws made in Washington, D.C. [...] / Some civil servants are just like my loved ones / They work so hard and they try to be strong / I'm a lucky guy to live in my building / They all need buildings to help them along [...] (Byrne in Betrando 1994: 54).

E ora li si mettano a confronto con il testo di *The Big Country*:

> I see the shapes, / I remember from maps. / I see the shoreline. / I see the whitecaps. / A baseball diamond, nice weather down there. / I see the school and the houses where the kids are. / Places to park by the fac'tries and buildings. / Restaurants and bars for later in the evening. [...] / I see the parkway that passes through them all. / And I have learned how to look at these things and I say, / I wouldn't live there if you paid me. / I couldn't live like that, no siree! / I couldn't do the things the way those people do. / I couldn't live there if you paid me to (ivi: 72).

Simili cambiamenti di prospettiva rimandano al gusto postmoderno della differenza e della molteplicità, sempre sull'orlo, tuttavia, della frammentazione e della dispersione. L'autore che, ironicamente, rappresenta il mondo che lo circonda secondo punti di vista antitetici e lo porge in maniera straniata al suo pubblico, impedendogli pertanto ogni possibile identificazione con i vari io poetici, spinge fin quasi all'estremo la componente schizofrenica del postmoderno, rifiutando al tempo stesso ogni residua possibilità di aggrapparsi a una visione totalizzante del reale, a un progetto universale ancora di stampo modernista.

Tra le più appariscenti caratteristiche del postmoderno si segnala una forma di millenarismo che sembra percorrere i prodotti artistici in misura direttamente proporzionale all'avvicinarsi della fine del ventesimo secolo. Se è vero che molteplici metafore di crisi hanno attraversato nell'arco del Novecento il Primo Mondo – dalla dannazione della generazione perduta di Fitzgerald alla nausea sartriana, dalla noia di Moravia alla morte di Dio, dal buio a mezzogiorno di Koestler al silenzio beckettiano, dalla bellezza nella sconfitta di Leonard Cohen all'entropia di Pynchon – è principalmente nel trapasso tra i frenetici anni Settanta e il riflusso degli anni Ottanta che si coglie la sensazione di non vivere più nell'inquietante attesa della fine dei tempi, essendo gli ultimi giorni ormai arrivati. Rifiutando ogni mito positivo di passare all'età dell'oro, l'artista postmoderno contempla con ironia – ma non senza timore – il vuoto che ha dinanzi, dubitando che la civiltà umana abbia già mostrato il meglio e le uniche possibilità di scelta rimaste siano pertanto spiacevoli e negative (cfr. Newman 1985).

Anche David Byrne, nel 1979, si lascia andare alla retorica della fine in un album problematico, fobico e sorprendentemente originale come *Fear of Music*, in cui dà voce al disorientamento dell'uomo di fine secolo nei confronti di una società che sembra ferirlo in ogni sua manifestazione. "*Whoever knows fear burns at* Fear of Music's *touch*", ha osservato lo scrittore americano Jonathan Lethem nel volume da lui dedicato all'analisi dell'album dei *Talking Heads*, imprescindibile per una lettura critica di questo lavoro (Lethem 2012: XI). A ogni angolo di quell'infra-ordinario che costituisce la cifra dominante del minimalismo byrniano si nasconde ora un pericolo: la carta, gli animali, la mente umana, la stessa aria nascondono insidie, mentre le città sono viste come teatri di incessante guerriglia. Facendo proprie anche a livello stilistico le cifre distintive del postmoderno, il disco si apre con la messa in musica di una poesia fonetica, quel *Beri Beri Bimba* che Hugo Ball negli anni Venti del Novecento, a Zurigo, declamava vestito da sciamano nel corso delle serate dadaiste di Tristan Tzara. Byrne, in collaborazione con il produttore e musicista inglese Brian Eno, adatta al non-testo di Ball una ritmica africaneggiante, e ne muta il titolo in *I Zimbra*, ultime parole della prima e dell'ultima strofa. Il risultato è, nelle parole di Lethem, una canzone che celebra «*the destruction of [the] individual limit to the band's paranoic worldview*» (ivi: 8). Mentre l'atmosfera africana del brano prelude a futuri sviluppi in senso etnico della musica e della poetica byrniane, i testi di quasi tutti gli altri pezzi della raccolta si collocano, invece, nell'ottica del più inquietante postmodernismo apocalittico. Alla base di *Fear of Music* sono il senso di angoscia insito nello spaesamento tardo-novecentesco, la paura di vivere in un mondo molteplice, l'ansia della demitizzazione e della secolarizzazione. «*Everything seems to be up in the air at this time*» (Byrne in Bertrando 1994: 76), Byrne canta in *Mind*, e in *Paper* ipotizza un'esistenza sottile come un foglio di carta al sole:

> Hold the paper up to the light / (Some rays pass right through) / Expose yourself out there for a minute / (Some rays pass right through) / Had a love affair but it was only paper / (Some rays they passed right through)/ Had a lot of fun, could have been a lot better / (Some rays they passed right through (ivi: 77).

«*Endtimes. Self-dissolution and dissociation. Collective apprehension and distrust. Stress*» sono i temi dell'album (Lethem 2012: 27). In un crescendo di angoscia e di insoddisfazione, la stessa aria ferisce l'individuo ("*Air... Air / it can break your heart*"): «*we have nothing to fear, but nothing itself, or that which masks itself as nothing, the ubiquitous invisibile swirling everywhere*», commenta Lethem (ivi: 78) . È il trionfo dello straniamento, della non individuazione di modelli in cui riconoscersi. La società de-centrata del postmoderno non sa ritrovarsi neppure, al modo del modernismo, nel culto della metropoli: Londra è solo «*a small city / it's dark, dark in the daytime*» (Byrne in Betrando 1994: 78); a Birmingham «*there are a lot of rich people / a lot of ghosts in a lot of houses*» (*ibid.*) e a Memphis «*Home of Elvis and the ancient Greeks*» (*ibid.*) c'è un odore che sembra quello della cucina casalinga, ma «*it's only the river, it's only the river*» (*ibid.*). Sembrano opinioni al limite del *nonsense* ma, secondo Lethem,

> These jokes incorporate a grain of what may be called "historical agoraphobia": the realization that all we've dragged over the sea from cloistered, repressive, reassuring Europe is a handful of out-of-context place names. Place names and fear. Nothing else to cover the big-sky fact of our manifest-destiny frontier, our heedless dream of autonomy. New York is the Old World by comparison. To contemplate leaving it, as "Cities" does, is to belatedly join the American expansionist lemming-dash, the derangingly utopian experiment already in progress (ivi: 45).

Nell'impossibilità di reperire un modello esistenziale, di recuperare una memoria storica (Presley e gli antichi greci si mescolano come immagini del passato in una visione della storia non più unitaria o centralizzata), è difficile "trovare una città in cui vivere". Appare il tema, che ricorrerà in tutta la produzione di Byrne, della *fear of Nowhere*, la "paura di nessun luogo". Del resto, in un altro brano dello stesso album, *Life During Wartime*, si descrive la vita delle metropoli come caratterizzata da una guerriglia endemica, in costante movimento, irraccontabile secondo i paradigmi narrativi tradizionali del racconto bellico, esprimibile soltanto attraverso una fusione linguistica che suggerisce il collasso di ogni precedente lingua collettiva. Il gioco degli intertesti rimanda, soprattutto nella strofa finale, a stereotipi cinematografici, come quello della coppia in fuga, da *Pierrot le Fou* di Godard a *Bonnie e Clyde* di Arthur Penn. Tuttavia, l'atmosfera generale del pezzo è squisitamente millenaristica: gli anni Sessanta sono decisamente alle spalle. Si tratta di un «*post-disaster scenario wherein ordinary human beings who once had time for dancing and lovey-dovey have now stripped down the chassis of their existence to function as roving outlaw-survivalist-hackers*» (ivi: 56). Non c'è più tempo per scherzare: la festa è finita, anche se continua, senza sosta, nel ricordo di chi l'ha vissuta. «*There's a party in my mind... and I hope it never stops*» (Byrne in Bertrando 1994: 82), confessa l'io di *Memories Can't Wait*, e conclude:

> Other people can go home... everybody else will split / I'll be here all the time... I can never quit / I'm wide awake on memories / These memories can't wait (*ibid.*).

Nella poetica byrniana la nostalgia di un orizzonte magico, ritualistico, festivo, va di pari passo con il "disincanto del mondo" proprio del pensiero tecnologico e scientifico. Chi resta a occhi aperti nella notte per contemplare la festa che si svolge nella sua mente sceglie, per usare una terminologia nietzschiana, di «continuare a sognare sapendo di sognare». È questa l'essenza stessa della demitizzazione, la secolarizzazione che, lungi dal rinnegare i contenuti della tradizione, li conserva distorti, svuotati (cfr. Vattimo 1989). Non a caso, in *Heaven*, il Paradiso viene omologato a un bar dove una festa va avanti all'infinito, sempre uguale, con l'orchestra che suona sempre lo stesso pezzo: «*a nice place, a good and desirable place, yet [...] deadly boring*» (Lethem 2012: 91). Byrne, infine, esaurisce il percorso di conservazione-distorsione-svuotamento che caratterizza il rapporto dell'uomo postmoderno con il mito, giungendo alla conclusione che "*Heaven is a place where nothing ever happens*" (Byrne in Bertrando 1994: 84) .

Nel successivo disco dei *Talking Heads*, *Remain in Light*, unanimemente considerato il loro capolavoro musicale, Byrne esaspera a livello testuale le tematiche e le modalità postmoderne di *Fear of Music*. Ai testi angosciosi e scarni del disco precedente si sostuiscono collage di citazioni mutuate dal mondo dei media, centoni di dialoghi in svariati registri linguistici, registrazioni sonore relative a scandali politici: è il trionfo del *pastiche*, ma anche della parodia sarcastica, alla Pynchon, che tradisce un senso di impotenza sul piano politico e cognitivo. «Remain in Light *stands to regular rock songs as cubism stands to impressionism: there is still a recognizable subject, a persona to the songs, but it is approached from several perspectives simultaneously*», ha scritto Steenstra (Steenstra 2010: 10). Nelle canzoni, le parole dei media, lungi dal gettare una luce sul presente, sembrano suggerire una volontà di amnesia storica, mentre la concezione spaziale viene esasperata nell'idea di nuove macchine ed edifici rappresentabili solo in movimento, in cui già Jameson riconosceva il "mistero del nuovo spazio postmoderno" (Jameson 1989: 85). La stessa dimensione umana è sottoposta a un'apoteosi del dubbio, mentre in concerto la performance di Byrne si apre a gesti e movimenti che suggeriscono l'idea della trance (cfr. Steenstra 2010: 11), lasciando libero il corpo di scoprire la propria «*grammar of movement – often jerky, spastic, and strangely formal*» (Byrne 2013: 56). In un brano dal sapore vagamente kafkiano, *Once in a Lifetime*, si ipotizza, al modo del fantastico quotidiano di Cortázar, la possibilità di trovarsi, un giorno nella vita, in una casa diversa dalla propria, accanto a una donna che non è la propria moglie, senza sapere come ciò possa essere accaduto[2]. A proposito di questa canzone, Steenstra ha scritto che «*its lyrics evoke a sense of bafflement, a process of self-reflection that combines everyday routine with a feeling of spiritual panic*» (Steenstra 2010: 69). Ma il dubbio sulla validità del reale (e sul valore ontologico del concetto di realtà) appare

[2] Si veda quanto scrive Byrne sulla genesi del pezzo: «*I started by taking on the charter of a radio preacher I'd heard [...] There was a serious use of anaphora – employing the same phrase to begin each sentence. It's a common device that preachers use [...] from there I'd improvise and change the focus from a Christian message to, well, I wasn't sure at first what I was getting at [...] I'd get myself worked up, pacing back and forth, breathing in sync with the preacher, phrases would come into my head, and I'd jot them down as quickly as possible*» (Byrne 2013: 169).

soprattutto in una tirata sull'importanza dei "fatti" reperibile in *Crosseyed and Painless* che, non a caso, verrà ripresa da Jay McInerney in *Bright Lights, Big Cities*, il romanzo americano che forse meglio d'ogni altro esprime il vuoto e l'assenza di ideali che caratterizzano gli anni Ottanta (cfr. Albertazzi 2006: 115-117).

> Facts are simple and facts are straight / Facts are lazy and facts are late / Facts all come with points of view / Facts don't go where you want them to / Facts just twist the truth around / Facts are living turned inside out / Facts are getting the best of them / Facts are nothing on the face of things / Facts don't stain the furniture / Facts go out and slam the door / Facts are written all over your face / Facts continue to change their shape (Byrne in Bertrando 1994: 93-94).

Si tratta di una lista in cui, per accumulo, le parole finiscono con il perdere significato (Bertrando 1994: 32): l' elenco dei "fatti", con la sua apparente mancanza di senso, sta a suggerire l'assenza di idee, il vuoto semantico dato dall'accostamento di parole e frasi che, singolarmente, hanno grande significato ma, accostate senza nesso logico, si riducono a puro suono, ridondante ma inespressivo.

La negazione del senso, la dissoluzione del referente e la ricerca di affrancamento dall'ansia di interpretazione sembrano essere le caratteristiche dominanti in questa fase della carriera di Byrne, al punto che il suo nuovo album con gli *Heads* si intitolerà *Speaking in Tongues*, facendo riferimento, programmaticamente, all'oscurità e all'ermetismo dei testi, autentiche trascrizioni postmoderne del "parlare in altre lingue" della tradizione pentecostale. È lo stesso Byrne, del resto, ad ammettere di non comprendere sempre perfettamente, per primo, le proprie liriche: «Io ho un'idea definita riguardo al fatto che una frase o un'altra sarà adatta a un certo verso, ma non saprei mai dire perché» afferma in un'intervista. «Certe mie scelte non hanno senso in alcuna accezione logica, io ho semplicemente un senso intuitivo… Soltanto dopo, quando i critici mi hanno spiegato tutto o è passato abbastanza tempo, riesco a farmi un'idea generale di quello che tentavo di dire» (Byrne in AA.VV. 1987: 82).

Per comprendere quanto sia voluto e autocosciente il richiamo di Byrne alla realtà postmoderna è sufficiente vedere il film *Stop Making Sense*, registrazione cinematografica dell'omonimo tour dei *Talking Heads*, realizzata dal futuro premio Oscar Jonathan Demme nel 1984, su *storyboard* dello stesso Byrne. Qui Byrne, performer dei propri testi, ne offre un'interpretazione a livello gestuale e visivo nel solco della più squisita tradizione ludica del postmoderno americano: dove niente ha più senso, è inutile cercare un significato ultimo. Nel film mentre, rifacendosi anche alle tecniche e ai metodi teatrali di Robert Wilson, Byrne «*approached each song as a separate little play, with its own detailed lighting and design*» (Steenstra 2010: 101), il regista Demme riuscì a dimostrare come «*enthusiasm and other forms of possession are not just artistic illusions, but form the ritual aspect of the interaction of the individual with his surroundings*» (ivi: 102-103).

Il superamento dell'impotenza cognitiva dello *stop making sense* si attuerà, in seguito, grazie all'incontro con le culture del terzo mondo e con le radici popolari della stessa cultura americana. Già in *Speaking in Tongues* si poteva trovare un brano come *This Must Be the Place* (che reca, non per caso, il sottotitolo, *Naive melody*), dove l'autore manifestava la propria ansia di trovare un luogo in cui fermarsi e mettere radici: «*Home is where I want to be // I'm just an animal looking for home / Share the same space for a minute or two*» (Byrne in Bertrando 1994: 134). Qui sembra concretizzarsi la possibilità di identificare in uno spazio creato dal sentimento un luogo che possa essere chiamato "casa". "*Feet on the ground / Head in the sky*" (*ibid.*), Byrne inventa una "casa" che nasce dal desiderio di trasformare la propria esperienza in metafora e visione. Come scrive Jonathan Lethem: «*"This Must Be the Place" [is] a song about abiding with nowhere – understanding that you can dwell there, even gratefully, so long as you don't require it to be a heaven, only a home*» (Lethem 2012: 92).

Non per caso, in questo brano si trova una delle immagini poetiche più surreali e più pregnanti di Byrne: «*Out of all those kinds of people / You got a face with a view*» (Byrne in Bertrando 1994: 134), dove l'espressione *a face with a view*, rimanda, da un lato, al titolo di un noto romanzo di Forster, *A Room with a View* e, dall'altro, al più surreale dei versi usciti dalla penna di Paul McCartney per i *Beatles*, quel «*wearing the face that she keeps in a jug by the door*» (McCartney in Aldridge 1972: 139) riferito a Eleanor Rigby, eroina eponima di una fra le più note composizioni del duo Lennon-McCartney.

La necessità di una casa è strettamente legata all'esplorazione di possibili radici culturali: nella prima metà degli anni Ottanta, Byrne inizia a studiare, in musica e nei testi, la cultura popolare bianca americana, con lo stesso spirito di serietà scientifica antropologica ed etnografica che l'aveva guidato precedentemente attraverso le manifestazioni tribali africane e la controcultura afro-americana. Un disco come *Little Creatures*, uscito nel 1985, segna il ritorno di Byrne alla forma canzone, con musiche semplici, attinte al folklore statunitense. Spesso liquidato come opera minore di quello che la critica musicale definisce *thinking man's rock star*, *Little Creatures* si rivela invece, dal punto di vista testuale, uno dei momenti più significativi nel tentativo byrniano di creare, al modo dei narratori postmoderni, mondi – non necessariamente immaginari, ma certo fittizi – sulla carta. In due canzoni soprattutto, *And She* Was e *Road to Nowhere*, elementi caratteristici della produzione precedente (quali il minimalismo, certo surrealismo, l'ansia generazionale e l'inquietudine della dislocazione) sono rielaborati in un contesto che, partendo dalla provincia statunitense, abbraccia ogni marginalità. Nel primo brano – che tratta di una ragazza che assume LSD in un sobborgo di Baltimora – l'accento è posto non tanto sulle visioni della protagonista, quanto sulle sue sensazioni, così come possono essere percepite da un osservatore esterno.

> And she was lying in the grass / And she could hear the highway breathing / And she could see a nearby factory / She's making sure she's not dreaming / See the lights of a neighbor's house / Now she's starting to rise / The world was moving she was / Right there with it (and she was) / [...] / floating above it (Byrne in Betrando 1994: 149).

L'accento è posto sull'illusione di volare che la ragazza sperimenta e che l'autore non può cogliere se non dall'esterno: da un lato c'è la squallida periferia metropolitana (l'autostrada, la fabbrica, immagini ricorrenti nell'universo poetico byrniano sin dagli esordi); dall'altro è la volontà di oltrepassarli, di elevarsi oltre il quotidiano. La droga favorisce l'illusione di muoversi all'unisono con l'universo. Sotto l'effetto dell'LSD la ragazza riconquista il proprio posto nel mondo, come il corsivo di *was* suggerisce nella grafia del titolo, anche se la forma verbale al passato sembra piuttosto sottolineare la natura transitoria di quella ritrovata identità, il suo appartenere inequivocabilmente a un tempo ormai trascorso. Tutta l'esperienza è descritta alla terza persona, evidenziando così il distacco fra narratore e oggetto della narrazione:

> And she was drifting through the backyard / And she was taking off her dress / And she was moving very slowly / Rising up above the earth / Moving into the universe / Drifting this way and that / Not touching the ground at all / Up above the yard (*ibid.*).

L'esperienza del *trip* non solo è inaccessibile dall'osservatore, ma è anche irraccontabile per chi la prova: «*She isn't sure about where she's gone / No time to think about what to tell them / No time to think about what she's done*» (*ibid.*). Il viaggio allucinato diventa esteriore persino per la ragazza, che arriva a sdoppiarsi e a osservare se stessa come in un film. Paradossalmente, l'ultima sensazione è quella della dispersione, della perdita del sé, della stessa dislocazione vissuta come esperienza positiva, nel tentativo di condividere attraverso la visione la propria realtà frammentaria e marginale con tante altre realtà di spiazzamento e di emarginazione.

È interessante confrontare questo brano con la famosissima *Lucy in the Sky with Diamonds* di John Lennon, quasi un manifesto poetico della cosiddetta psichedelia inglese. Anche nella protagonista del brano cantato dai *Beatles* si può identificare, malgrado l'autore si sia sempre ostinato a negarlo, una ragazza che assume droghe (è risaputo che il titolo del pezzo può essere letto come un acrostico in cui si nasconde l'allucinogeno più in voga del tempo): e tuttavia, mentre di Lucy si descrivono le visioni deliranti – alberi di mandarini e cieli di marmellata, fiori di cellophan gialli e verdi che crescono incredibilmente alti, uomini a dondolo che mangiano torte di marshmallow, facchini di plastilina con cravatte a specchio (cfr. Lennon in Aldridge 1972: 73) – l'esperienza della ragazza di Baltimora viene, al contrario, riferita da Byrne in maniera alquanto realistica e oggettiva. Se nei *Beatles* un linguaggio carico di suggestioni e un uso "variopinto" della parola creano un'ambientazione fortemente surreale, in Byrne il contesto è ancora una volta minimale. Il *trip* diventa "estraneo", "esteriore" persino per chi lo esperisce. I quasi vent'anni che separano Lucy dalla ragazza di Baltimora si fanno tangibili nella strofa finale di Byrne: «*Joining the world of missing persons / (and she was) / Missing enough to feel alright*» (Byrne in Bertrando 1994: 150). Non c'è più nient'altro nell'esperienza della droga: non la visione giocosa, infantile, quasi, di Lucy; non il sole che si riflette nei suoi occhi, non i colori vividi, le immagini da cartone animato, del mondo dei *Beatles*: rimane solo la voglia di scomparire, di annientarsi, di "essere", paradossalmente, non essendo più.

In *Road to Nowhere* un altro mito degli anni Sessanta, il viaggio senza meta e senza programma, alla *Easy Rider*, viene rivisitato con la consapevolezza ironica di una quasi raggiunta maturità. Superata la trentina, la generazione di coloro che si sono persi il Sessantotto per una manciata di anni, si accorge di essersi lasciata alle spalle la prima giovinezza senza avere combinato granché. Alla certezza di un futuro alquanto nebuloso fa da contraltare l'impossibilità di far tesoro di esperienze precedenti. Il bilancio sembrerebbe fallimentare: il viaggio esistenziale si compie su una strada che non porta da nessuna parte, verso una meta che sembra avvicinarsi, crescere, giorno per giorno, ma che non si raggiunge mai. Eppure, il ritmo della canzone è allegro, una sensazione di benessere pur nell'assenza di certezze pervade musica e testo. Tutto sommato, il tempo è ancora dalla parte di chi canta, la strada senza sbocco forse porta al paradiso, e l'importante è non seguire i consigli di chi vuole "dirti quel che devi fare". Il paradosso, fortemente ironico, è che sul cammino verso il nulla si sta bene, è scomparso il senso apocalittico di crisi che opprimeva la ricerca di una città in cui vivere, o l'approdo a un Paradiso dove non succede mai niente. Il viaggio verso nessun luogo è tanto spensierato quanto il *Magical Mystery Tour* cui i *Beatles* invitavano i loro ammiratori una ventina d'anni prima, mentre il consiglio a non farsi prendere in giro da chi vuole impostare la vita altrui secondo regole predeterminate riporta alla mente analoghi suggerimenti di John Lennon ai ragazzi degli anni Sessanta e Settanta: l'incitamento a non farsi fagocitare gradualmente dal sistema che è al cuore di un brano come *Working Class-Hero*, o la conclusione perentoria, da "bello e perdente", di *Strawberry Fields Forever*: «*It's getting hard to be someone / But it all works out, / it doesn't matter much to me*» (cfr. Albertazzi 2012: 11 e 52). E tuttavia, in Byrne, alla ripresa ironica di tematiche sessantottesche si aggiunge ancora una volta l'eco di letture colte, impegnate: la città da raggiungere sulla strada per nessun luogo non solo è un'ennesima versione della "città in cui vivere", della "casa in cui fermarsi", più volte incontrate. Questa città, che è tutta e solo nella mente di chi canta e che cresce ogni giorno, ricorda soprattutto *Le città invisibili* del Marco Polo calviniano, anzi, come scriverebbe Calvino, essa è, prima di tutto, "desiderio di una città" (Calvino 1972: 16). È lo stesso Byrne, del resto, a spiegare che: «*What begins as a random walk often ends up taking you somewhere, somewhere that you later realize was exactly where you wanted to go*» (Byrne 2013: 184).

Nell'ultimo disco registrato con i *Talking Heads*, *Naked*, a un discorso musicale che si spinge ad abbracciare influssi provenienti dalle più disparate culture (dalla musica americana contemporanea di Philip Glass al percussionismo di stampo africano) corrisponde un analogo ampliamento delle tematiche testuali. La lingua è sempre quella della comunicazione quotidiana; la tecnica, in molti casi, ancora il procedimento obliquo per straniamento della parola usuale, spiazzamento del luogo comune e sconvolgimento delle attese dell'ascoltatore. Tuttavia, questo deliberato depistaggio linguistico non porta più all'inquietudine della crisi postmoderna. Al contrario, il narratore prende il sopravvento sul manipolatore di linguaggio, sullo sciamano che, nei testi di *Speaking in Tongues*, associava le parole in libertà, al modo dadaista. Si veda, per esempio, *Mommy Daddy You and I*, dove si racconta una storia di emigrazione e difficoltà di adattamento nella *land of opportunities*. Il panorama è desolante, le prospettive inesistenti, ma la fiducia nel viaggio e nel cambiamento è illimitata: «*We'll keep driving, driving with all our might / Changing, still changing / Changing the water of life*» (Byrne in Betrando 1994: 200). La paura di frammentazione postmoderna s'è trasformata nell'ansia – positiva – di mutamento della letteratura postcoloniale, nell'energia e nella fiducia in se stessi, pur fra mille difficoltà, dei *migrant writers*.

Contemporeaneamente, i versi di Byrne si aprono a istanze più apertamente sociali, ora nei toni della sua consueta ironia, come in *The Democratic Circus*, ora in un'esplosione di inconsueta violenza verbale, come nell'aspra denuncia di *Blind*, in cui si parla di un presunto terrorista colpito a morte "nel nome della democrazia", tra l'indifferenza dei passanti. Spiega Byrne: «*It's pure imagination, but it comes out of reading the daily paper. It's a cry of anguish. It'a man crying, rather than a woman. And I think it's directed at the authorities. Someone has been killed, or badly beaten, and someone else is looking out a window. Terrible things are happening, civil strife [...] And you're asking yourself and the listener to be aware of all that*» (Byrne in Steenstra 2010: 145).

Un discorso a parte merita *(Nothing but) Flowers*, divertente presa in giro di quanti proclamano – a parole – la necessità di un ritorno alla natura. Nel testo si tratta di una coppia di innamorati che, *Like an Adam and an Eve*, vivono in una sorta di incontaminato paradiso terrestre, rimpiangendo le comodità della metropoli. Se la presentazione del protagonista è fortemente surreale, al modo del Byrne maestro di depistaggi linguistici – «*Years ago / I was an angry young man / I'd pretend / That I was a billboard / Standing tall / By the side of the road*» (Byrne in Bertrando 1994: 193), la nostalgia per i luoghi comuni della società consumistica americana – le catene di pizzerie, le bibite gasate, le aree commerciali e i *discount store* – risulta ancora più umoristica nella contrapposizione con il mondo edenico rifiutato.

Nei decenni successivi, Byrne, dopo aver dato voce all'inquietante sensazione che qualcun altro stia vivendo la nostra vita e aver rappresentato il senso di incorporeità caratterizzante la società occidentale tardocapitalista, recupererà, nei suoi progetti musicali solisti, attraverso la memoria e l'introspezione, la gioia del corpo e la consapevolezza del sé. Sempre più impegnato in progetti di altra natura – dal cinema alla fotografia al musical, dalle installazioni artistiche alla scrittura e alla composizione di colonne sonore – nelle liriche per le canzoni incise nell'ultimo ventennio, come in tanta autofiction contemporanea – da Handke a Max Frisch, da Paul Auster a Patrick Modiano e, nel cinema, da Wenders a Moretti – Byrne va alla ricerca del proprio vissuto all'intersezione tra tempo trascorso e spazio narrato, che vengono così a costituire il sé dell'individuo. Raccontarsi diviene il punto di partenza per non smarrirsi. Come ha osservato Steenstra: «*Byrne's work is like the autobiography of an Everyman, where [...] even details that seem at first totally unrelated may later become relevant*» (Steenstra 2010: 22). E lo stesso Byrne commenta il proprio lavoro solista e la propria attività di artista a tutto tondo con queste parole:

> The public likes their myths to live in a never-never land, not in the real world. I'm aware that celebs serve as a collective dream of the public and that *People* magazine is the National Dream Book. We aim to please. God help if we disappoint, as I must have done numerous times in the last few years... I have to follow my own instincts, and they're not that different from what other people may be feeling (Byrne in Howell 1992: p. 88).

E tuttavia, oggi chi ha amato i suoi lavori con i *Talking Heads* non può che sottoscrivere la conclusione del saggio di Jonathan Lethem su *Fear of Music*:

> For thirty years – god, thirty years! – I've wanted to say to the songwriter of *Fear of Music* [...] something along the lines of «yes, yes, this is all very good, these films, these books, these albums, even that subsequient masterpiece or two – but baby, baby, baby, where did our fear go?» (Lethem 2012: 140).

Mi si consenta, dunque, di chiudere questo saggio facendo mie le ultime parole del volume di Lethem: «*then I began writing this book* [this essay] *and realized that it* [la *fear of Nowhere* di trentanni e più anni fa] *was right where I left it*» (*ibid.*).

Bibliografia

AA.VV, 1987, *David Byrne*, Milano, Arcana Editrice.

Albertazzi, Silvia, 2006, *In questo mondo, ovvero quando i luoghi raccontano le storie*, Roma, Meltemi.

Abertazzi, Silvia, 2012, *Belli e perdenti. Antieroi e post-eroi nella narrativa contemporanea di lingua inglese*, Roma, Armando.

Aldridge, Alan (a cura di), 1972, *Il libro delle canzoni dei Beatles*, Milano, Mondadori.

Beatles, 1976, *The Beatles Lyrics*, London, Futura Publications.

Bertrando, Paolo (a cura di), 1994, *David Byrne e Talking Heads. Tutti i testi 1975-1994*, Milano, Arcana Editrice.

Brecht, Bertolt, 1963, Note all'opera *Ascesa e rovina della città di Mahagonny*, in Id., *Teatro*, 1, Torino, Einaudi.

Byrne, David, 2013, *How Music Works*, Edinburgh-London, Canongate.

Calvino, Italo, 1972, *Le città invisibili*, Torino, Einaudi.

Howell, John, 1992, *David Byrne*, New York, Thunder's Mouth Press.

Jameson, Francis, 1989, *Il postmoderno, o la logica culturale del tardo capitalismo*, Milano, Garzanti.

Lethem, Jonathan, 2012, *Fear of Music*, London-New York, Continuum.

Newman, Charles, 1985, *The Post-Modern Aura*, Evanston, Northwestern University Press.

Steenstra, Sytze, 2010, *Song and Circumstance. The Work of David Byrne from Talking Heads to the Present*, London-New York, Continuum.

Vattimo, Gianni, 1989, *La società trasparente*, Milano, Garzanti.

Nota

Questo saggio nasce dalla rielaborazione e dall'aggiornamento di due miei lavori apparsi nel 1996: "Le liriche di David Byrne: uno studio sul piacere del testo (di canzone)", *Problemi*, 104, 1996, pp. 80-111 e *1996 – View on the Lyrics*, http://www.talking-heads.nl/index.php/david-byrne-bio/david-byrne-archive/176-view-on-the-lyrics.

Portrait of the Musician as a Young Man; ovvero, Die Kunst der Fuge

Vito Cavone

Life is like playing a violin solo in public
And learning the instrument as one goes on.
Samuel Butler

Heard melodies are sweet
But those unheard are sweeter.
John Keats

La musica dell'Occidente

An Equal Music è il secondo romanzo (in prosa) di Vikram Seth, indiano di Kolkhota (Calcutta), dove è nato nel 1952. Avverto subito che non considero questo romanzo dal punto di vista postcoloniale, non solo e non tanto perché l'azione si svolge in Europa con personaggi tutti europei, anzi inglesi (e, ovviamente, bianchi, anche se altrettanto ovviamente questo non viene sottolineato, ma è dato come implicito, come non avverrebbe nel caso ci fosse un personaggio di colore), quanto per il fatto che Vikram Seth fin dall'inizio della sua carriera (a parte l'eccezione del *bestseller* che gli ha dato la fama, *A Suitable Boy*, e forse dell'annunciato sequel *A Suitable Girl*) opta per un inserimento *tout court* nella cultura occidentale in cui viene a inserirsi: per ambientazione, personaggi e tematiche, in linea con la scelta linguistica dell'inglese, come solo pochi autori hanno fatto e fanno. Esempi di tale scelta sono Kazuo Ishiguro (da *The Remains of the Day* in poi) o Michael Ondaatje, nativo dello Sri Lanka (ex Ceylon) e trasferito in Canada, dove ambienta i suoi primi romanzi, quando non sia l'Europa di *The English Patient*. Altri (Hanif Kureishi, Zadie Smith o il Rushdie di molti romanzi a partire da *Satanic Verses*) scelgono sì ambientazioni europee o americane, ma sempre con personaggi non occidentali.

Il primo romanzo di Seth, *The Golden Gate, A Novel in Verse* (1986)[1], e questo *An Equal Music*, di cui parlerò, sono completamente "occidentali" e, quanto alle opere successive: il *travelbook* del suo viaggio fino in Cina (*From Heaven Lake: Travels through Sinkiang and Tibet*, 1983) si iscrive nel genere odeporico della tradizione che va dal Marco Polo del *Milione* al Robert Byron di *Oxiana*; mentre *Two Lives* (2005), pur ruotando narrativamente sulle "due vite" dei suoi zii materni, è in realtà un'opera autobiografica che parte dal trasferimento nel 1969, all'età di diciassette anni, del giovane Seth a Londra (ospite all'inizio appunto dei due zii) per frequentare Oxford, e sull'impatto della cultura occidentale (soprattutto la musica) dei primi anni '70 su di lui.

L'essere Vikram Seth un esponente del postcolonialismo emerge in questo romanzo proprio *in absentia*, come elemento sorprendente, non solo per la sua ambientazione e i suoi personaggi europei, come si è già detto, ma soprattutto perché la musica di cui si parla e che si esegue appartiene alla grande tradizione europea, incentrata come vedremo sulla linea che va da Handel a Brahms[2]. In questo senso a una prima lettura si ha lo stesso effetto che la presenza fondamentale della "Sinfonietta" di Janàcek produce nell'incipit della trilogia *1Q84* del giapponese Murakami Haruki che ha avuto recentemente grande successo.

Ci sono inoltre altri elementi sia nella produzione letteraria che nella vita privata di Seth che mostrano l'importante presenza e l'incidenza che

---

[1] In 500 sonetti strutturati in tre quartine e un couplet (come in Shakespeare), ma in tetrametri giambici (otto sillabe con rima maschile, nove con rima femminile), con schema rimico ABAB CCDD EFFE GG, derivato dall'*Evgenji Onjegin* di Pushkin, ripreso nella traduzione inglese di Charles Johnston (1977), da cui Seth fu molto influenzato.

[2] Con solo poche eccezioni come l'inglesissimo Vaughan Williams di *The Lark Ascending*, il primo brano in assoluto che il protagonista ascolta, e Vivaldi che il protagonista suona da solo o con Julia (*A.E.M.*, § § 4.15, 6.15), ma mai in concerto. Nel paragrafo 3.9 il quartetto si riunisce «*for a rehearsal of a programme of 20th-century quartets – Bartòk, Shostakovich, Britten – but all that has gone by the board*». Si ricorda che il volume (London, Phoenix Paperback, 1999) è corredato da un *Audio Recording* (2CD della durata di 6h. 25m.) che contiene "*a selection of music featured in* An Equal Music". Da questo momento in poi si farà riferimento al testo con la sigla *A.E.M.* seguita dall'indicazione del paragrafo (§) tra parentesi.

la musica ha su di lui. Egli conosce la musica e suona sia il flauto (indiano e non, come dice appunto in *Two Lives*), sia il violoncello e inoltre canta i lieder tedeschi, soprattutto Schubert, il primo autore suonato in *An Equal Music*, § 1.1; il suo compagno è il violinista Philippe Honorè, cui *An Equal Music* è dedicato, con l'aggiunta di un sonetto acrostico, sempre di struttura pushkiniana, che ne declama il nome[3].

La sua vita inizia come poeta (il citato poema narrativo in sonetti) e prosegue in questo genere con altre collezioni di poesie, alcune delle quali vengono musicate[4]; l'ultima fase, infine, della sua attività riguarda un progetto musicale intitolato *Confluences*, insieme al musicista e compositore britannico Alec Roth e al citato violinista Philippe Honorè per i tre festival musicali di Salisbury, Chelsea e Lichfield, tra il 2006 e il 2010[5]; ma già prima Roth e Seth avevano collaborato per l'opera lirica *Arion*[6] *and the Dolphin*, la cui prima avvenne all'English National Opera di Londra nel 1994. Ultimo particolare: nel 1996 ha acquistato la casa-rettorato del poeta George Herbert a Bemerton, vicino Salisbury, dove vive: dei legami tra la poesia di Herbert con la musica non è il caso di parlare in questa occasione.

La scelta di questo romanzo, quindi, deriva in prima istanza dal fatto che i personaggi sono musicisti, di cui nel corso dell'azione narrativa seguiamo l'attività artistica, dalla scelta del programma alle prove fino alla performance in teatro, con relative discussioni e dubbi sui brani da eseguire, risposta del pubblico, giudizi della critica, ecc.: la musica in effetti è l'argomento principe del testo a cominciare dal titolo *An Equal Music*. In realtà la vera ragione sta nel fatto che la musica in questo romanzo non è elemento accessorio – introdotta come simbolo/metafora/paragone o come semplice elemento della trama in quanto mestiere/professione *et similia* dei personaggi (come peraltro è il caso di questo romanzo) – ma, come spero di mostrare, struttura l'intero testo, pur te-

[3] Anche *Two Lives* è preceduto da un sonetto acrostico, anch'esso con schema rimico di tipo pushkiniano, in cui le prime lettere della prima e l'ultima quartina formano i nomi dei due zii, Shanti e Henny.

[4] Jonathan Dove ha messo in musica alcune composizioni di *All You Who Sleep Tonight* (1990).

[5] Per questo progetto Seth ha scritto quattro libretti raccolti poi nel volume *The Rivered Earth* (2011).

[6] Non è un caso che il primo libretto per musica riguardi il mito di Arione, primo mitico poeta e musico.

nendo conto dell'avvertimento di Stephen Benson a non lasciarsi andare a paragoni azzardati e non convincenti tra forma letteraria e forma musicale[7].

Anche nel passato, si è già detto, la musica poteva essere elemento importante – come si può vedere, per fare solo pochi esempi, dalla *Divina Commedia* al *Merchant* di Shakespeare e al *Prelude* di Wordsworth – in genere come segno/simbolo di armonia/perfezione/bellezza/natura, ecc. In questo senso *An Equal Music* trova qualche modello non solo e non tanto in Joyce, Mann, Proust, ma soprattutto in opere che si strutturano *in toto* in termini musicali (generalmente in forma di quartetto o sonata) come *The Good Soldier* o la tetralogia *Parade's End* di F.M. Ford, testi entrambi orchestrati in quattro movimenti, o (evidente fin dai titoli) *Point Counter Point* di Aldous Huxley, *Four Quartets* di Eliot, fino alla saga *Dance on the Music of Time* di Anthony Powell, i cui dodici volumi si dividono in quattro terne (terzetti/trii), sulla base strutturale delle Quattro Stagioni, come nelle omonime opere di Vivaldi (1720) e di Haydn (1801), e della quadripartizione della sinfonia.

An Equal Music introduce come narratore-protagonista in prima persona Michael Holme, anni 37-38 (*A.E.M.*, § 4.15), secondo violino nel "Maggiore Quartet", in crisi esistenziale, emotiva, affettiva e professionale. Dieci anni prima a Vienna ha conosciuto e amato la pianista Julia, abbandonata, insieme agli studi, per incomprensioni con il maestro Käll. Nel presente dell'azione narrativa rincontra Julia (sposata e con un figlio) a Londra. Per breve tempo i due amanti riprendono la relazione e la collaborazione musicale. Dopo una *tournèe* sul continente (Vienna/Venezia), Julia (che sta diventando sorda) ritorna alla famiglia e Michael ricade nella depressione iniziale da cui sembra riprendersi (o rassegnarsi) nel finale, dopo aver ascoltato Julia (ormai completamente sorda) in concerto a Londra.

Come si è detto, *An Equal Music* è un romanzo in cui la musica non è elemento extra, ma strutturale; il titolo, così determinante nel romanzo, deriva dal *Sermone* CXLVI [Preached at Whitehall, February 29, 1627] di John Donne citato in epigrafe:

---

[7] S. Benson, 2006, *Literary Music. Writing Music in Contemporary Fiction*, Burlington, Ashgate.

Bring us, O Lord God, at our last awakening
into the house and gate of heaven,
to enter into that gate and dwell in that house,
where there shall be no darkness nor dazzling, but one equal light;
no noise nor silence, but one *equal music*;
no fears nor hopes, but one equal possession;
no ends nor beginnings, but one equal eternity;
in the habitations of thy glory and dominion,
world without end[8].

La citazione-titolo è poi ripresa, circolarmente, in chiusura, nel finale in crescendo che conclude l'ultimo concerto di Julia e il romanzo stesso:

> It is a beauty beyond imagining – clear, lovely, inexorable, phrase across phrase, phrase echoing phrase, the incomplete, the unending "Art of Fugue". It is *an equal music* (*A.E.M.*, § 8.35, enfasi mia)[9].

Nella sua apparente semplicità, *An Equal Music* introduce, come cellule musicali, diversi temi. Innanzitutto l'amore per una donna e l'amore per l'arte (musica), che spesso si sovrappongono e quasi si identificano. Su questi due *leitmotifs* si innestano parallelamente i temi della formazione e la ricerca d'identità del protagonista, sia come uomo e amante (lawrencianamente *Son and Lover*) sia come artista. Si potrebbe quindi sintetizzare che la partitura narrativo-musicale si impernia su due temi principali che si intrecciano in parallelo e in contrappunto: la musica dell'amore e l'amore per la musica[10], inquadrati sullo sfondo di un *Künstlerroman* il cui titolo, parafrasando il sottotitolo del *Prelude* di Wordsworth (oltre al *Portrait* joyciano usato come titolo di questo sag-

[8] Il testo di Donne, adattato a preghiera anglicana, è stato musicato dal compositore-organista William Harris (1883-1973).

[9] Anche il protagonista ama Donne, come sottolinea Julia: «*But you like reading Donne. Donne the Apostate*" "[…] *I like reading him. I find him relaxing late at night*» (*A.E.M.*, § 4.19). Da sottolineare, inoltre, che Michael abita in Archangel Court (*A.E.M.*, § 1.1), sul lato sud di Hyde Park (*A.E.M.*, § 1.7) all'ultimo piano di un vecchio palazzo dove "*There's lots of light […]. And a distant view of St Paul's*" (*A.E.M.*, § 3.8): della cattedrale di St Paul John Donne era decano e lì pronunciava i suoi *Sermoni*, uno dei quali fornisce il titolo al romanzo.

[10] In *A.E.M.*, § 3.16 Julia «*smiles a little sadly*. "*Making music and making love – it's a bit too easy an equation*"».

gio), potrebbe essere *The Growth of a Musician's Mind*. I vari temi della partitura verranno esaminati, per comodità di analisi, separatamente.

Si tenga conto, comunque, che il motivo dominante – la "musica costante" – del testo è la passione per la musica del protagonista, realizzata attraverso la sua attività di violinista nel quartetto d'archi 'Maggiore", le prove solitarie nello stanzino insonorizzato di casa sua, i ricordi della sua scoperta della musica da ragazzo e dei suoi studi a Vienna, i pezzi e gli autori che ama; tutto ciò si condensa simbolicamente nel Violino Tononi su cui suona ma che non è di sua proprietà, essendogli stato prestato dalla sua protettrice e prima musa Mrs Formby. La sua paura di perderlo, la consapevolezza di doverlo perdere costituisce uno dei *leitmotifs* del romanzo.

Educazione sentimentale

A una prima lettura, *An Equal Music* si presenta come romanzo d'amore, problematico e infelice: un vero e proprio melodramma, data la stretta compenetrazione di amore e musica. Anche se il romanzo è del 1999, dall'autobiografico *Two Lives* (2006) sappiamo che il giovane Seth giunge a Londra nel 1969 a 17 anni e si immerge nella cultura (soprattutto musicale) occidentale.

In quegli anni spopolavano due film e due *hit* musicali dei '70. Il primo, di successo mondiale, è *Love Story* (che finisce con la morte della protagonista), la cui colonna sonora, di Francis Lai, ottenne il Premio Oscar e divenne una *cover* mondiale e poi romanzo dello stesso sceneggiatore Eric Segal – che fu purtroppo un *bestseller* per più di un anno in vetta alle classifiche in tutto il mondo, fino a giungere nel 1978 a un ancor peggiore ma fortunatamente meno venduto *sequel*, *Oliver's Story*. C'è da ricordare, inoltre, che nel 1978 da *Love Story* è stata tratta una versione hindi (*Ankhiyan Ke Jharokhon Se*), tipico film-musical in stile Bollywood.

L'altro film d'amore, in cui la storia d'amore e morte fu strettamente legata a un *leitmotiv* di grande successo, è *Anonimo Veneziano* dell'italiano Enrico Maria Salerno; qui non si ha solo un motivo musicale di successo di sottofondo alla *love story*, ma il protagonista (Toni Musante) è un musicista in crisi (come in *An Equal Music*), colpito da malattia incurabile (diversamente da *An Equal Music*, ma come *Love Story*), che rivede dopo molti anni per l'ultima volta la donna amata (come in *An Equal Music*), in una Venezia anch'essa morente (come nella Parte VI di *An Equal Music*). Il film si conclude con l'esecuzione dell'*Adagio* del *Concerto in Do Maggiore per Oboe e Archi* di Benedetto Marcello (in realtà del fratello Alessandro Marcello, di cui Bach fece una trascrizione per clavicembalo), celeberrimo grazie al film.

Dietro questi film popolari, poi, ci sono altri due capolavori di amore e morte del decennio precedente, che in realtà sono due versioni del *Romeo and Juliet* (notare che la protagonista di *An Equal Music* si chiama Julia): *West Side Story* (1961), il film musicale tratto dall'omonimo musical di Broadway (1957), con le stupende musiche di Leonard Bernstein; l'altro il *Romeo e Giulietta* di Franco Zeffirelli (1986), con *soundtrack* di Nino Rota, in cui si impone il *love theme* che segna i momenti e le svolte cruciali dell'azione drammatica e che è una rielaborazione di un tema di Tchaichovsky, con il testo/titolo originale *What is a Youth?* (e altra versione con titolo *A Time for Us*). Un'altra successiva versione giovanilistica che dà molta importanza alla base musicale è quella di Baz Luhrmann (1996), tre anni prima di *An Equal Music* – mentre forse Seth lo scriveva – con Leonardo di Caprio e un notevole *soundtrack*.

An Equal Music si divide in otto Parti (ciascuna a sua volta divisa in sezioni/paragrafi numerate di varia lunghezza e numero, come altri romanzi di Seth), giocando su multipli e sottomultipli del numero quattro.

L'orchestrazione della *love story/education sentimentale* dei due protagonisti si articola, in base all'entrata in scena della protagonista femminile Julia, in due quartetti (Parti I-IV; V-VIII) in contrappunto o, detto in termini letterari, a specchio, tali da formare un chiasmo: ascendente il primo quartetto, discendente il secondo.

Il primo quartetto comincia con il protagonista desolato per la perdita della donna amata (che ricorda in vari *flashback*) in una Londra altrettanto desolata come la *unreal city* della *Waste Land* eliottiana. A nulla valgono le distrazioni del nuoto con i *Water Serpents* (*A.E.M.*, 1.7) nella *Serpentine* di Hyde Park, né la relazione (solo sessuale) con la giovane Virginie cui dà lezioni private individuali, né l'impegno stesso nel quartetto; Julia è un'ossessione che insieme accende e blocca il protagonista, un po' come Madame Arnoux per Frèdèric Morel ne *L'Education Sentimentale* di Flaubert, o Isotta per Tristano, o Eloisa per Abelardo e soprattutto *Julie* per Saint-Preux ne *La Nouvelle Eloïse* di Rousseau. Nel clima luttuoso e nella musica tetra di questa desolazione viene introdotto il *leitmotiv* dell'amore (per Julia) sia nei *flashback* della memoria, sia nel suo riapparire nel presente (speranza di una "vita nova" nel futuro) nel casuale incrociarsi dei due bus dove i due viaggiano in direzione opposta in Oxford Street (§ 1.16). Alla fine della seconda Parte, Julia – vanamente cercata nei capitoli precedenti – riappare di persona al concerto del quartetto (§ 2.23); i due si rincontrano finalmente nella (andante/moderato) terza Parte (§§ 3.5-3.7) e rifanno infine l'amore nella (allegro/presto) quarta Parte (§ 4.10). La *progression d'èffet* dell'armonia ritrovata, per usare la formula fordiana, e la passione di nuovo soddisfatta sono sottolineate dalla parallela rinnovata collaborazione musicale (ricordiamo ancora che Michael è violinista e Julia pianista), che trasforma il quartetto in un quintetto.

Da questo climax raggiunto nella quarta Parte, riparte il secondo quartetto con andamento inverso, progressivamente decelerando/ritardando: dopo l'esaltazione della riconquistata riunificazione/unità della passione amorosa e musicale, quasi una spasmodica "ricerca del tempo perduto" con il ritorno sui luoghi della passata gioventù in cui le passioni erano sbocciate: Vienna e il (sogno di) Venezia (Parti V e VI), si passa al nuovo abbandono (Parte VII) e al rientro alla solitudine di Londra fino all'abbandono del quartetto e (forse) della musica e il (progetto di un) circolare ritorno al luogo di origine.

Simmetricamente, la *love story* è incorniciata da due concerti, entrambi incentrati *sull'Arte della Fuga* di Bach, come si dirà più approfonditamente oltre: al centro del primo quartetto (alla fine della Parte II), con la ricomparsa di Julia (§ 2.14-15), e alla fine del romanzo (fine Parte VIII) con l'addio definitivo (§ 8.35).

Ovviamente, altre "partiture" possono essere proposte, ma sempre sulla base del numero quattro e sempre con andamento oppositivo di climax-anticlimax. Avremmo quindi la scansione 2+2+2+2, cioè un unico quartetto (o sonata) con quattro movimenti, ciascuno formato da una coppia: 1° mov. (Parti I-II), solitudine del protagonista a Londra; 2° mov. (Parti III-IV), ritrovamento a Londra dei due amanti; 3° mov. (Parti 5-6), alla ricerca del tempo perduto sul continente; 4° mov. (Parti VII-VIII), nuovo abbandono.

Un'altra soluzione potrebbe basarsi sulla formula 2+4+2 con Preludio (Parti I-II), solitudine del protagonista; quartetto centrale (Parti III-VI), riunione degli amanti; coda finale (Parti VII-VIII), definitivo abbandono.

Infine, si potrebbe vedere il romanzo come un'unica fuga[11] con movimento circolare, dalla nostalgica solitudine iniziale alla rassegnata so-

[11] Cfr. *Todesfuge*, il poema sui campi di concentramento di Paul Celan, dove il tema della morte ha il ritmo di una fuga in 8 Parti. A proposito di musica e campi di concen-

litudine finale, attraverso l'intreccio e il climax delle due passioni (musicale e amorosa) dei due protagonisti.

In ogni caso, all'interno del *pattern prescelto* (una forma, comunque, musicale) giocano gli stessi richiami, parallelismi, simmetrici o inversi: primo fra tutti – come unico esempio dell'andamento contrappuntistico – è il movimento opposto dei due momenti del "duetto amoroso": dieci anni prima, nell'antefatto rievocato in vari *flashback*, è stato Michael ad abbandonare Julia; mentre ora, nel presente dell'azione, è Julia, quasi come una vendetta, a chiudere definitivamente la *love story*.

Tempo perduto e tempo ritrovato

La scansione temporale dell'azione del romanzo si sviluppa nell'arco di poco più di un anno, dal novembre di un anno imprecisato al 30 dicembre dell'anno successivo[12], attraverso il trascorrere delle "Quattro Stagioni": dall'autunno-"inverno dello scontento" e del rimpianto di Michael, alla primavera del risveglio delle emozioni ("*April is the cruellest month*"), all'estate della passione, e infine, di nuovo, circolarmente, all'autunno-inverno della perdita definitiva e del dolore.

In questo senso l'azione del romanzo – articolata, come si è detto, nell'alternanza/sovrapposizione dei due *leitmotifs* (amore per la musica+musica dell'amore) – si proietta sullo sfondo mitico-simbolico del ritmo stagionale che universalizza la storia d'amore individuale nell'archetipo del ciclo morte-rinascita, secondo il modello di Northop Frye.

I riferimenti letterari sono i più disparati: dalla poesia pastorale grecolatina allo *Shepherd's Calender* di Spenser, fino alle *Seasons* di James Thomson in ambito inglese (senza contare i citati *Four Quartets* e *Dance to the Music of Time*); ma più cogenti per il tema di questo volume sono i quattro concerti delle *Quattro Stagioni* di Vivaldi (1725) e l'oratorio di Haydn *The Seasons* (1801) su libretto tratto da Thomson.

---

tramento, va ricordato il *Quatuor pour la fin du Temps* di Olivier Messiaen, composto alla fine del 1940 nel lager di Gorlitz e qui eseguito per la prima volta il 15 gennaio 1941: si tratta di un quartetto in 8 movimenti.

[12] In *A.E.M.*, §. 3.14 si fa riferimento all'incendio del teatro la Fenice di Venezia (29 gennaio 1996) e in *A.E.M.*, §.1.5 Michael segue in TV i *Teletubbies*, programma per bambini mandato in onda dalla BBC a partire dal 31 marzo 1997. Pertanto, essendo stato *An Equal Music* pubblicato nel 1999, l'azione del romanzo non può che svolgersi tra il novembre del 1997 e il 30 dicembre 1998.

Questo schema temporale-antropologico (si pensi al Frazer di *The Golden Bough*) innesta un altro gioco di rimandi mitico-musicali: come alcuni critici hanno sottolineato, *An Equal Music* può essere visto come una riscrittura del mito di Orfeo ed Euridice, che da sempre è stato base di reinvenzioni operistiche in momenti-chiave della storia della musica, dall'*Euridice* di Peri (1600) all'*Orfeo* di Monteverdi (1607), all'*Orfeo ed Euridice* di Gluck (1762). La partitura del testo su questa base mitica vedrebbe il lamento di Michael-Orfeo per la perdita di Euridice-Julia (atto I=Parti I-II; variazione della celebre aria gluckiana *Che farò senza Euridice*); il riscatto di Euridice-Julia dall'Ade del matrimonio e della sordità (atto II=Parti III-IV); l'errore di volgersi indietro verso il passato nell'illusione di recuperare ciò che è perduto (atto III=Parti V-VI); disperazione di Orfeo-Michael (atto IV=Parti VII-VIII).

Volendo brevemente continuare il gioco delle riscritture post-moderne, si potrebbe fare un collegamento anche con *Great Expectations* (titolo più che mai appropriato anche per il romanzo di Seth), in cui il giovane Michael corrisponde a Pip, Julia a Estella, con i loro mentori, Magwitch e Miss Havisham, che, a sessi invertiti, riappaiono in Mrs Formby e Mr Käll.

Come si diceva, l'azione comincia a novembre, mese dei morti: atmosfera luttuosa che ben si addice all'artista in pena, *lost in love's labours*. Se il mese inizia con la commemorazione dei defunti[13], si deve ricordare che venti giorni dopo, il 22 novembre, è la festa di Santa Cecilia, protettrice della musica e dei musicisti, come si può ricavare dal calendario, ma soprattutto dalla tradizione poetico-musicale inglese: fu Henry Purcell nel 1683 a fondare la Musical Society per organizzare le celebrazioni annuali della festa di Santa Cecilia[14]. Egli stesso musicò la prima ode, *Welcome to All Pleasures*, su testo di Christopher Fishburn, nel primo anno: ne compose in tutto quattro prima della morte nel 1695. Tutti i poeti dell'epoca si cimentarono negli anni successivi in questa occasione; ricordiamo solo, tra le composizioni dei più famosi: *A Song for St Cecilia's Day* (1687) di John Dryden, musicata da Purcell (su testo rimaneggiato da Nicholas Brady) e poi nel 1739 da Handel, che musicò anche *Alexander's Feast* (1736); *Ode for Musick, on St Cecilia's Day*

[13] 2 novembre, *All's Souls' Day*. All Soul è il college di Oxford dove Seth ha studiato nei primi anni '70. Ancora all'inizio della Parte II, poco prima della riapparizione di Julia, si ribadisce: "*It's not too cold as November mornings go*" (*A.E.M.*, §.2.2).

[14] L'anno dopo a Roma fu istituita l'Accademia di S. Cecilia.

(1713) di Pope su musica di Maurice Greene; su su fino allo *Hymn to Saint Cecilia* (1942) di Benjamin Britten su testo di W.H. Auden.

Non è un caso, quindi, che la protettrice e mecenate del protagonista – colei che lo inizia alla musica e all'amore per la musica e che gli presta (e poi gli lascia in eredità) il prezioso e amato Tononi – cioè colei che lo *forma*, Mrs Formby (*=form[ed] by*), si chiami Cecilia, come sappiamo dalle sue ultime volontà, a sorpresa, nel finale (*A.E.M.*, § 8.20).

Tornando al testo, tutta la Prima Parte si svolge nel mese di novembre senza specificare alcuna data precisa; pertanto nello schema miticoarchetipico che si è detto nulla vieta di assumere le summenzionate date simboliche per le svolte narrative della *love story*: se il giorno dei morti può essere dato come indicativo dell'atmosfera malinconica e dello stato d'animo depresso di Michael, nell'incipit del romanzo, *Saint Cecilia's Day* può ben essere il giorno della magica seppur breve visione sul bus in Oxford Street di Julia (*A.E.M.*, § 1.15-16), che subito di nuovo (s)fugge come la "fuggitiva" Albertine di Proust o l'altrettanto fuggitiva Angelica ariostesca o quella postmoderna di *Small World* (1984) di David Lodge; il contrappunto negativo è la contemporanea perdita del disco del *Quintetto per. archi in do minore, Opera 104* di Beethoven, così ansiosamente e difficilmente ritracciato, poi dimenticato sul taxi nel disperato e vano inseguimento di Julia (*A.E.M.*, §1.16). Allo stesso modo, l'altrettanto magica restituzione del disco, a opera del tassista misterioso, aiutante[15] sconosciuto (*A.E.M.*, § 2.4), si rovescia contrappuntisticamente in auspicio positivo di un possibile ricongiungimento con Julia – come di fatto avverrà alla fine della Parte II (*A.E.M.*, § 2.24) – e l'ingresso nel mese di dicembre[16], il mese del Natale, cioè della (ri)nascita e della speranza di un nuovo inizio.

Dopo questo prologo bimestrale che introduce il *leitmotiv* amoroso, c'è il passaggio al nuovo anno, nel cui intero arco si completa l'azio-

---

[15] Come si vede, l'azione assume, pur nella sua impostazione realistica con, a volte, valenze mitiche, anche lo schema della fiaba, in cui l'eroe nella sua ricerca ha, secondo lo schema di Propp, i suoi oppositori e ostacoli, ma anche i suoi aiutanti: questa funzione è svolta da Virginie, il tassista, l'agente Erica e dai membri dello stesso Quartetto.

[16] Solo in § 2.5 si annuncia: "*December deepens*"; si procede poi con il "*pre-Christmas Party*" di Nicholas Spare (§ 2.6), le festività del Natale e Santo Stefano trascorse a Rochdale (§ 2.8-10); fino al ritorno a Londra per gli ultimi giorni dell'anno (§ 2.14-17).

ne vera e propria[17], con un salto temporale a febbraio[18], il mese di San Valentino e degli innamorati, con la magica serata del primo concerto del Quartetto d'archi Maggiore, che conclude la Parte II con «*the curious encore we have so carefully prepared, [...] the first contrapunctus of Bach's "Art of Fugue"*» (*A.E.M.*, §§ 2.21-22) e l'apparizione di Julia (*A.E.M.*, §§ 2.22-23)[19].

In seguito, dopo la ripresa della *love story* tra i due protagonisti, non ci sono più riferimenti temporali precisi, se non alla semplice successione dei giorni senza tempo, in cui i due amanti ricostituiscono la coppia sul piano sia della passione amorosa sia della collaborazione musicale nella *tournèe* che compiono sul continente sui luoghi reali o sognati della loro giovinezza (Parti III-VI): di questo periodo fuori del tempo sono indicati solo l'inizio ("*It's spring*", § 4.12; "*But it's almost April*", § 4.16)[20] e la fine che, come si è già detto, è datata 30 dicembre, fine d'anno e di poco successiva al solstizio d'inverno.

Formazione musicale: *Bildungsroman* e *Kunstlerroman*

Come *The Portrait of the Artist as a Young Man* di Joyce, *An Equal Music* è un romanzo di formazione di un artista: come Stephen Dedalus giunge alla consapevolezza della propria vocazione artistica attraverso un processo educativo che si enuclea nelle diverse fasi dell'opposizio-

[17] Come si è detto il romanzo si conclude con il concerto di Julia il 30 dicembre [1998] (*A.E.M.*, § 8.34).

[18] "*It is 7.30 on a February evening*" (*A.E.M.*, § 2.20).

[19] Da notare che la prima visione di Julia è annunciata-incorniciata dall'angelo di Selfriges in Oxford St. («*I turn my head back to see [...] the grandiose lapis-robed statue of the Angel of Selfridges [...]. My eyes do not reach the Angel of Selfridges. Julia is sitting five feet away from me, reading a book*», *A.E.M.*, §1.15). Poiché si è parlato di angeli, è bene anche sottolineare che il protagonista porta il nome dell'arcangelo Michele e che abita in Archangel Court (*A.E.M.*, § 1.1).

[20] Data che viene collegata al (38°) compleanno di Michael: «*A fortnight past the equinox, I will be 38*» (*A.E.M.*, § 4.15): la data di nascita dovrebbe quindi essere il 5 aprile, Ariete, primo segno dello Zodiaco. Va ricordato che fino al 1750 il Regno Unito (come tutti i Paesi protestanti) seguì il calendario giuliano, secondo il quale l'anno cominciava il 25 marzo; il 1751 fu l'anno più breve di sempre: si passò infatti, dal 24 marzo al 6 aprile per recuperare i giorni perduti con il calendario giuliano e poi dal 31 dicembre si passò ufficialmente al 1° gennaio 1752, secondo il gregoriano. Negli stessi anni Bach morì il 31 marzo (21 marzo del calendario giuliano) 1750 e l'*Arte della fuga* fu pubblicata postuma nel 1751 (1752, 2ª edizione definitiva).

ne all'autorità e all'ingiustizia (cap. 1), dell'esaltante scoperta dell'eros (cap. 2), del *bathos* penitenziale della religione (cap. 3) e infine l'epico climax della visione estetica; allo stesso modo Michael Holme, come in parte si è già accennato, si ribella prima all'autorità[21] del padre, contrario alle scelte del figlio (*A.E.M.*, § 1.8), poi a quella del suo maestro Carl Käll[22].

Anche Michael, come Stephen, passa attraverso le varie esperienze dell'eros[23] e del sesso, che in qualche modo lo distraggono dalla sua vera missione, così come avviene con la falsa religione dell'arte come professione e mestiere; solo alla fine, purificato da queste illusioni mondane, l'eroe può approdare al vero significato dell'arte.

Mutatis mutandis, se si sostituisce alla musica l'amore per il teatro, a Bach Shakespeare e all'*Arte della Fuga* l'*Amleto*, appare chiaro che dietro tutto ciò c'è il modello archetipico del *Bildungsroman*, il *Wilhelm Meister*[24] di Goethe, altro grande rappresentante della cultura occidentale (germanica), che si va ad aggiungere alla serie musicale Handel-Bach-Haydn-Mozart-Beethoven-Schubert-Brahms esaltata nel romanzo[25].

Il protagonista Michael[26] Holme è (col)legato alla musica fin nel (cog)nome che è anagramma (quasi un palindromo sillabico) di MELO(h), ovvero il greco μέλος=melodia, musica.

---

[21] "*You can't stand authority, Michael, in any form" says Julia "You hero-worship but you can't stand authority*" (*A.E.M.*, § 4.19) Come si può vedere, questa battuta viene detta nella cena a due dei due amanti la sera del compleanno di Michael: sommando i numeri di questo paragrafo 4+1+9 si ha il numero 14 che, secondo la numerologia di cui si parlerà più avanti, è il numero di Bach.

[22] Anche se nel testo si specifica "*Käll-pronunced [...] Shell*" (*A.E.M.*, § 1.5), la grafia richiama l'inglese *Call* che significa (anche) "vocazione". L'allitterazione con il nome Carl sottolinea il collegamento.

[23] Cfr. *A.E.M.*, § 1.17: "*Under the statue of Eros [...] I sit*".

[24] In particolare il cosiddetto Ur-Meister, cioè *Wilhelm Meisters Sendung*, il primo *draft* del romanzo, poi riscritto e inglobato nei *Lehrjahre*. Va sottolineato che il termine *Sendung*, in genere reso in italiano con "missione" o "vocazione", in inglese è tradotto *calling* (*Wilhelm Meister's Calling*), che richiama il cognome del maestro-guida Carl Käll, come si è detto (n. 20), del protagonista di *An Equal Music*, dove peraltro troviamo un Lothar (l'agente musicale di Salisburgo, §§ 2.1, 4.17, 7.1), che mutua il nome dal Baron Lothario dei *Lehrjahre*, anch'esso diviso in otto libri.

[25] In questo senso, *An Equal Music* è una sorta di omaggio alla storia della musica occidentale: tanto più indicativa in quanto fatta da un autore "postcoloniale".

[26] Michael è uno degli arcangeli (anzi l'unico definito tale nella Bibbia). La sua festività cade il 29 settembre (*Michaelmass*), che in Inghilterra era uno dei *quarter days* che scandivano l'anno in 4 trimestri (*terms*), a ridosso dei due equinozi e dei due solstizi: l'onomastico di Michael, quindi, coincide con *Michaelmass Day*, mentre il suo

Come si è visto la durata del *récit* è di un anno, scandito-ritmato in qualche modo dai *quattro* tempi delle *Quattro Stagioni*; ma i frammentari *flashback* compongono la "formazione" fin dall'infanzia del protagonista e di fase in fase definiscono la sua identità e gli chiariscono le sue priorità rendendolo alla fine consapevole che l'unità indissolubile della sua personalità, dei suoi interessi e delle sue passioni è data dalla musica: *la musica costante* della sua vita è la *musica* che rende possibile tutto il resto. Queste analessi permettono di ricostruire i momenti e i luoghi (i cronotopi – *spots of time*) fondamentali della vita del protagonista: la sua infanzia nella città natale di Rochdale dove, nonostante la disapprovazione paterna, scopre ben preso la sua vocazione musicale:

> My insistence on my vocation was met by both parents with incomprehension [...]. You want to be a violin player? [...] It's the bloody fiddle, that's what it is, the bloody fiddle (*A.E.M.*, § 1.8).

Questa vocazione è strettamente collegata al senso della natura e al paesaggio della brughiera:

> Besides, as a boy, I was quite happy in Rochdale. Our house was not too far from the edge of town, and [...] I could cycle out towards the moors [...]. Within minutes I would be in the open countryside. Sometimes I would walk on the tops, sometimes just lie in the grassy hollows where I could no longer hear the sound of the wind. The first time I did this, I was held by surprise: I had never heard such silence before. And into that silence after a minute or two fell the rising song of a lark. [...] Sometimes a single lark would sing; sometimes as the voice of one thinned higher and higher into the sky, another would rise. Sometimes, when the sun came out after a drizzle, there would be a whole scrum of skylarks (*A.E.M.*, § 1.10).

Tenendo conto della posizione geografico-letteraria del paesaggio di Rochdale, la scena evoca alla mente la brughiera in cui scorazzano Heathcliff e Kathy fanciulli o soprattutto il Lake District dove vaga-

compleanno (v. nota 19) cade dopo il *Lady Day* (24 marzo, Annunciazione, all'inizio di aprile-Ariete, che era il primo mese dell'anno); il climax della *love story* e la sua fine si pongono intorno ai due solstizi *Midsummer* (24 giugno) e *Christmas*.

bonda il poeta-bambino, educato dalla Natura nel *Prelude*, il *Bildung/Kunstlerpoem* di Wordsworth[27].

Il canto dell'allodola "reale" è il segno della predisposizione artistica del protagonista e insieme il *link* con l'inizio della sua scoperta dell'arte grazie alla sua prima musa e mecenate, Mrs Formby:

> When I was just nine years old, [...] our class was taken to a Schools' Concert. It was my first experience of live music. When I visited Mrs Formby the next day I told her all about it. What I particularly remembered was a piece about a lark – "The Lark in the Clear Air" I think it was called. Mrs Formby smiled, went to the gramophone and put on what she told me was another piece ispired by the same bird. From the first note of "The Lark Ascending" I was enchanted. [...] And she read me the lines by George Meredith that had inspired Vaughan Williams (*A.E.M.*, § 1.10)[28].

A questo punto, Mrs Formby diventa la guida del protagonista, quasi una madre sostituta e mentore[29], provvede all'ampliamento e approfondimento della sua cultura musicale:

> Mrs Formby did not bother to explain the poem to me. Instead, she told me that they wanted to go to hear Handel's "Messiah", in a few weeks [...] and that, if my parents agreed, they would take me along. It was thus that I heard and saw the small and ailing Barbirolli re-create in the King's Hall at Belle Vue the soaring sound that rocked my head for days, and that, together with "The Lark Ascending", made me beg Mrs Formby to teach me to play the violin (*A.E.M.*, § 1.10).

---

[27] Si veda soprattutto il celebre *There was a boy* (*Lyrical Ballads*, 1800), che diviene l'episodio del *Boy of Winander* (*=Windermere*) del *Prelude*, Book V. Cfr. anche Joyce, *Portrait*, fine c. IV, dopo l'epifania della *crane-girl*: «*He turned landward [...], reckless of the sharp shingle, found a sandy nook amid a ring of tufted sandknolls and lay down there that the peace and silence of the evening might still the riot of his blood. He felt above him the vast indifferent dome and the calm processes of the heavenly bodies; and the earth beneath him, the earth that had borne him, had taken him to her breast*». In *A.E.M.* Ysobel *Shingle* è il nome della manager della casa discografica per cui il Quartetto dovrebbe incidere l'*Arte della fuga* (*A.E.M.*, § 4.13).

[28] Da notare, a proposito del nome significante del maestro Carl Käll, che il nome "Carl" è palindromo di Lark.

[29] A livello mitico, Mrs Formby è per Michael quello che la dea Atena è per Telemaco, senza aver bisogno di prendere l'aspetto di "Mentore".

Questo è l'incipit della sua formazione, come da adulto ricorda in una wordsworthiana *recollection in tranquillity*:

> Into my mind comes and extraordinarily beautiful sound. I'm nine years old. I am sitting between Mr and Mrs Formby, in a state of anticipation. On the seats all around us are people chattering and rustling programmes. Into the circus ring enter not elephants and lions but a group of men and women, many of them bearing amazing instruments, gleaming and glowing. A small, frail man enters to applause such as I have never heard before, followed by the strange, absolute silence of a multitude. He brings down a stick and a huge and lovely noise fills the world. More than anything else I want to be part of such a noise (*A.E.M.*, § 2.11).

Come si è già detto, il nome della mecenate è emblematicamente Cecilia, che si ricollega alla protettrice dei musicisti, mentre il cognome significante è un *pun* su *form-by*: è quindi grazie all'aiuto e alla protezione di Mrs Formby che Michael, oltre a scoprire la musica, può imparare a suonare il violino, poi andare a scuola di musica, infine incontrare ed essere affidato al maestro Käll e continuare i suoi studi a Vienna, dove tra l'altro incontrerà Julia. Ma è soprattutto il prestito e, alla fine, il lascito del suo violino Tononi, il grande dono che Mrs Formby fa al protagonista:

> When I left home to go and live in Manchester, it was an old friend of hers who lent me a spare violin. But when she heard that I was going to Vienna to study under Cark Käll himself, she insisted I take her own Tononi with me. It has been with me ever since. She is happy that it's being played, and that it's I who am playing it. Whenever I come to Rochdale I bring it with me. She calls this annual drive the rent for her violin (*A.E.M.*, § 2.12).

La seconda musa, parallelamente all'opera del maestro Käll, è Julia che lo avvia all'amore, oltre che alla musica; in lei si fondono l'amore per la donna e l'amore per la musica da parte di Michael:

> I met Julia two months after I arrived in Vienna […] within a week of our meeting we were lovers. One morning, after a night of *making love*, we tried *making music* together. […] . For all my studies […] it was she

> who became my best teacher [...]. I later realized that even about music I had learned more from her than from anyone else (*A.E.M.*, § 2.18).

Anche la fondamentale scoperta di Bach, come vedremo in seguito, è dovuta a Julia:

> When I listened to music, it was often to Bach [...] but it was when she had played by herself, to herself – a suite, say, or an invention, or a fugue – that I had most completely yielded my being to Bach, and to her. [...] When I hear Bach, I think of her (*A.E.M.*, § 2.18)

Dopo la fuga da Vienna e l'abbandono di Julia, segue l'esperienza con il Quartetto che continua nel presente dell'azione del romanzo fino alla ricomparsa della donna amata. C'è una specie di progressione nella carriera musicale di Michael: dopo i suoi studi solitari, c'è l'incontro con Julia, con cui forma una coppia; a Vienna, con Julia e la compagna di studi Maria forma un trio; e infine, approda al Quartetto Maggiore, secondo una progressione che la filosofia pitagorica (che dava grande importanza alla musica basata su rapporti matematici) chiamava *tetrakis*:

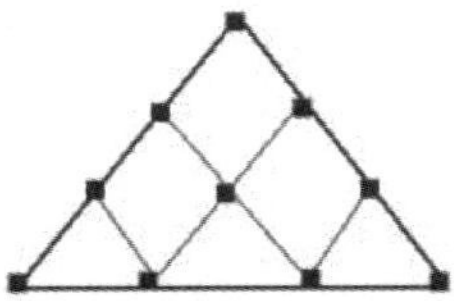

il triangolo simbolo della perfezione e anche del passaggio dall'unità (monade) alla molteplicità, secondo la serie 1+2+3+4, la cui somma è 10. In questo senso, Michael sembra fare il percorso di perfezionamento dalla monade (solista) alla diade (duo), alla triade (trio) con l'approdo finale al Quartetto. Da notare, inoltre, che, applicando la numerologia, se si danno, secondo la somma teosofica, valori numerici alle lettere dell'alfabeto, anche il titolo, *An Equal Music*, forma il "numero perfetto" 10.

In realtà, la situazione di crisi in cui il protagonista si trova all'inizio del romanzo fino alla ricomparsa di Julia e poi dopo il suo definitivo abbandono, mostra la sua *empasse*, se non il fallimento: poiché Michael non è stato mai un solista, come avrebbe voluto il suo maestro e con la sua fuga, dieci anni prima, ha distrutto sia il duo con Julia, sia il trio; e abbandonerà alla fine anche il Quartetto, rinunciando all'incisione dell'*Arte della Fuga.* Il tentativo, durante la *tournée* finale sul continente (Parti V-VI), di formare un quintetto con l'aggiunta di Julia al pianoforte fallisce parallelamente alla fine della *love story*, lasciando Michael di nuovo solo come all'inizio e comunque ancora non solista[30].

Conclusione: l'*Arte della Fuga*

Si è analizzato il testo attraverso i vari temi, ora è necessario esaminarlo nel suo insieme e vedere la composizione nella sua unità. Questa unità è offerta dal modello-presenza di Bach e in particolare della sua *Arte della Fuga* lasciata incompiuta per la sua morte nel 1750. L'opera, senza indicazioni strumentali, mostra tutte le variazioni contrappuntistiche di un tema in re minore di 12 note; si fonda su principi logico-matematici: avrebbe dovuto essere formata da 24 fughe divise in 4 gruppi di 6.

Come si è visto, Bach percorre l'opera dall'inizio alla fine ed è soprattutto collegato a Julia che avvicina Michael alla sua musica (*A.E.M.*, § 2.18); all'inizio del romanzo, ella ricompare proprio in occasione del concerto del Quartetto concluso con il bis che consiste paradigmaticamente nel Primo Contrappunto dell'*Arte della Fuga* (*A.E.M.*, § 2.22): non solo è annunciata la sua prima apparizione dalla musica di Bach, ma i nomi dei due amanti sono introdotti dal nome di Bach:

> I look around the room, [...] the BACH still sounding in my head. "MICHAEL," says JULIA as my eyes fall on her" (*A.E.M.*, § 2.23, maiuscole mie).

In seguito, fino alla sua rinuncia, il Quartetto porta avanti il progetto di incisione dell'intera *Arte della Fuga*, che costituisce gran parte dell'azione dei capitoli successivi. Infine, anche l'ultimo dono di Julia, durante il loro ultimo soggiorno a Venezia, è nel nome di Bach:

> It is a handmade book [...]. Like an old music copy. [...] Each page has eight black five-line staves. On the first few pages, in her hand [...] she has copied out from my score the first eighty or so bars – in fact, the whole of the first fugue – of the "Art of Fugue" (*A.E.M.*, § 6.15).

---

30 «*I used to be one of his favourite students.[...] He thought that I was capable of – and that I would want – a solo career. Now he is perhaps as disillusioned with me as I was with him*» (*A.E.M.*, § 1.5).

Si è detto che il romanzo è diviso in 8 Parti, a loro volta divise in paragrafi numerati; se consideriamo le 8 Parti come due quartetti (I-IV/V-VIII) e sommiamo il numero dei paragrafi in ciascuno, si hanno 88 paragrafi nel primo quartetto e 90 nel secondo; ovvero, basandoci sempre sui multipli e i sottomultipli di 4, 88+88+2, cioè due perfetti quartetti più una coda di due paragrafi. Prendiamo, quindi, il paragrafo 88 del secondo quartetto, cioè il terzultimo del romanzo (§ 8.33): il protagonista è tornato a Rochdale per Natale esattamente dopo un anno; nella brughiera, con il Tononi ormai di sua proprietà per il lascito della defunta Mrs Formby, davanti alla casa della sua antica mecenate, Michael suona prima per un po' "*a little from 'The Lark Ascending'*", tornando circolarmente all'inizio, e poi la sua parte dell'*Arte della Fuga*, quella che Julia ha copiato a mano per lui nel succitato *handmade book*:

> My hands are not cold, nor my mind agitated. I am in no dark tunnel but the open moor. I play for her the great unfinished fugue from the "Art of Fugue". No doubt it makes no sense by itself, but she can fill in the parts that I can hear. I play it till my part runs out; and listen till Helen too has ceased to play (*A.E.M.*, § 8.33).

Qui sembra che Michael, anche se non ha raggiunto la sua completa maturazione, ne sia ormai vicino: suona nella brughiera deserta, apparentemente per nessuno ma in realtà per se stesso e per i suoi maestri ormai scomparsi o lontani per mostrare di averne recepito la lezione. Ora è pronto per l'ultima epifania.

Nella coda finale, nell'ultimo paragrafo (§ 8.35), egli, nell'ultimo giorno dell'anno, decide di andare al (forse) ultimo concerto di Julia. Ella suona l'*Arte della Fuga* di Bach, chiudendo il magico cerchio della sua storia d'amore e d'arte; è ormai completamente sorda (come, negli ultimi anni, Beethoven e Bach, a sua volta cieco); suona senza spartito e ad occhi chiusi ma non solo per sé: ora ella è l'interprete sacro di quella musica divina che offre, come dono rituale, all'ascoltatore:

> She plays without the music, her eyes sometimes on her hands, sometimes closed. What she hears, what she imagines I do not know. There is no forced gravitas in her playing. It is a beauty beyond imagining – clear, lovely, inexorable, phrase across phrase, phrase echoing phrase, the incomplete, the unending "Art of Fugue". It is an equal music (*A.E.M.*, § 8.35).

Questa è l'ultima lezione della Musa Julia, prima di scomparire anch'ella[31]: l'amore per la musica in sé, in quanto bellezza pura e assoluta, come Michael stesso ha di quando in quando intuito, per esempio suonando il quintetto di Beethoveen:

> How good it is to play this quintet, to play it, not to work at it – to play for our own joy, with no need to convey anything to anyone outside our ring of recreation, with no expectation of a future stage, of the too-immediate sop of applause. The quintet exists without us yet cannot exist without us. It sings to us, we sing into it, and somehow, through this little black and white insects clustering along five thin lines, the man who deafly trasfigured what he some many years earlier had hearingly composed speaks into us, across land and water and ten generations, and fills us here with sadness, here with amazed delight (*A.E.M.*, § 2.17).

Inoltre il musicista, in questo caso pianista e violinista, deve in qualche modo astrarsi da sé come una specie di mistico sacerdote dell'arte e farsi mediatore tra il genio creatore e il pubblico, come Eliot afferma in *Tradition and Individual Talent*:

> The progress of an artist is a continual self-sacrifice, a continual extinction of personality […] [The Poet is] a particular medium, which is only a medium and not a personality (Eliot 1932: 13-20)[32].

La musica, infatti, diversamente dalle altre arti in cui l'artista comunica direttamente con il suo fruitore, ha bisogno, per essere goduta, di un mediatore-interprete. Il romanzo rimane "aperto" quanto alla storia e al destino del suo protagonista, ma ha completato il suo percorso di *Künstlerroman*: quale che sia il suo futuro, Michael, come Wilhelm Meister, ha concluso i suoi *Lehrjahre* e messo a fuoco la sua *Sendung* approdando alla sua maturità.

Per concludere, tornando agli stretti rapporti tra i protagonisti e Bach

---

[31] La morte di Mrs Formby viene comunicata in § 8.11. Quanto al maestro Käll, Michael ha l'intuizione-visione della sua morte dopo aver letto la sua ultima lettera: "*There is something troubling in the letter. Carl Käll is dying; I feel sure of it*" (*A.E.M.*, § 1.5).

[32] Si ricordi che il sottotitolo dei *Wanderjahre* di Goethe è *Die Entsagenden* ovvero "coloro che rinunciano".

è bene rifarsi alla numerologia: il nome di Johan Sebastian Bach, secondo il computo numerologico di cui sopra, corrisponde al numero 14; anche il titolo *Der Kunst Der Fuge* dà 14; l'*Arte della Fuga* fu pubblicata postuma nel 1751, le cui cifre sommate danno 14; essa si interrompe sulla fuga a tre soggetti, alla battuta 239, che sommati danno 14; su questa battuta c'è il nome di Bach (=14) nelle note di controsoggetto. Se si applica lo stesso gioco numerico ai nomi dei due protagonisti, Michael Holme e Julia McNicholl, entrambi formano il numero 14, collegandosi circolarmente al loro nume musicale.

Nel *Clavicembalo ben temperato*, ma soprattutto nell'*Arte della Fuga*, Bach definisce il sistema musicale che diverrà poi stabile e maggiormente diffuso in Occidente: questo sistema si chiama *Equal Temperament*. Alexander Pope nella seconda strofa della sua celebre *Ode on Musik on St. Cecilia's Day*, già citata, esalta questo *equal temper*:

By Music, minds *an equal temper* know,
Nor swell too high, nor sink too low.

Questo *equal temper(ament)* non è altro che la *equal music* che, via Donne, dà il titolo al romanzo.

Bibliografia

Barhami, Ramin, 2014, *Il suono dell'Occidente*, Milano, Mondadori.
Benson, Stephan, 2006, *Literary Music. Writing Music in Contemporary Fiction*, Burlington, Ashgate.
Donne, John, 1976, *The Complete English Poems*, London, Penguin.
Eliot, Thomas Stearns, 1932, "Tradition and the Individual Talent", in *Selected Essays*, London, Faber & Faber, pp. 13-20.
Pope, Alexander, 2008, *Selected Poetry*, Oxford, Oxford University Press.
Seth, Vikram, 1986, *The Golden Gate*, New York, Randhom House.
Seth, Vikram, 1993, *The Suitable Boy*, London, Phoenix House.
Seth, Vikram, 1999, *An Equal Music*, London Phoenix House.
Seth, Vikram, 1999, *Una musica costante*, Milano, Longanesi.
Smyth, Gerry, 2008, *Music in Contemporary British Fiction, Listening to the Novel*, London, Palgrave.
Wolff, Christoph, 2000, *Johan Sebastian Bach: the Learned Musician*, Oxford, Oxford University Press.

Da dramma gotico inglese a melodramma del romanticismo italiano: *Bertram* e *Il Pirata*

Simona Tota

Il 23 settembre 1935 moriva in Francia, giovanissimo, Vincenzo Bellini; pochi giorni dopo, Felice Romani, amico, sodale e librettista delle opere liriche più celebri e di maggior pregio del compositore catanese volle ricordarlo così:

> pochi compositori in Italia, e forse nessuno ai dì nostri, conobbero come Bellini la necessità di una stretta colleganza della musica con la poesia, la verità drammatica, il linguaggio degli affetti, l'evidenza dell'espressione […] (Rinaldi: 1965, 347).

Ebbene, collocandosi come "voce solista" in un particolarissimo momento della storia del teatro d'opera italiano, incarnando il passaggio dal melodramma classico a quello "romantico", Bellini può definirsi un innovatore nel modo di percepire il rapporto tra musica e parole a teatro, quel "sacro talamo" in cui le due arti si sposano ufficialmente.

Già dalle sue origini, a Firenze, presso il più "snob" ambiente culturale del suo tempo, ossia presso la Camerata de' Bardi, in cui un gruppo di intellettuali inseguivano l'utopia della ri-creazione dell'antico dramma greco, in cui la musica e la voce del coro accompagnavano la poesia e ne scandivano i momenti topici, il "recitar cantando" dei "drammi per musica" – entrambi sintagmi significativi dell'intenzione di ottenere un'equilibrata mescolanza di testo e note – rappresenta la forma artistica con maggiore risonanza internazionale dell'unione simbiotica di parola e musica, al punto che ciascuna, privata dell'altra, si trova espropriata di valore artistico e perfino di intelligibilità; significativa a tal proposito è la famosa riflessione di un'eminenza teatrale italiana come Luigi Pirandello il quale giungeva ad affermare che:

> […] il libretto di un melodramma, a rigore, dovrebbe essere quasi inintelligibile alla lettura, apparir monco, incompleto, com'opera d'arte; dovrebbe cioè lasciar sospeso, insoddisfatto il lettore, col desiderio vivo, irrequieto, di un'altra opera d'arte, non ascitizia, ma sostanziale: la musica, che unita e fusa con esso, dovrebbe formare l'opera d'arte intera: il melodramma (Pirandello 1908: 103).

Il sodalizio tra Bellini e Romani incarna perfettamente i primissimi tentativi del melodramma romantico di elevarsi a forma d'arte capace davvero di cogliere in modo armonico e non artificioso le sfumature del rapporto tra libretto e partitura; nelle intenzioni di Bellini, che aveva adottato come motto artistico l'emblematico "datemi buoni versi e vi darò buona musica" vi era un progetto ambizioso, ossia estirpare le abitudini espressive del melodramma classico in cui la musica era semplice accompagnamento decorativo di testi estremamente ampollosi. Bellini, da talentuoso e ispirato compositore attento alle esigenze dei suoi tempi, scriveva al tenore e amico Giovanni Battista Rubini:

> io sono molto attaccato alle parole: […] io voglio una musica che formi con la parola una cosa sola (Rinaldi 1965: 346).

Nella figura di Felice Romani, il compositore catanese intravide la possibilità di raggiungere questi suoi obiettivi in modo non troppo "traumatico" per il pubblico italiano; il librettista, infatti, non aveva gusti particolarmente originali, avvezzo com'era a cercare drammi della letteratura straniera che egli sapeva ben adattare all'indole del suo compositore e rifare, versificandoli; in altre parole, Romani «dava un bel taglio agli atti come un bravo sarto dà un bel taglio agli abiti» (ivi: 245) con una piccola grande pecca perché "il modello non sapeva crearlo" (*ibid.*) ma solo trasformarlo a partire da drammi pre-esistenti della letteratura europea, francese o inglese in particolare.

Funzionale in un'analisi che si colloca a metà strada tra il "bel Paese" in cui il melodramma ebbe origine e lo "splendido isolamento" di Albione è porre in luce l'assunto che:

> la musica, per la sua stessa natura di arte "facilmente trasportabile" ed eseguibile nei luoghi più lontani, nonché per la (presunta) universalità del suo linguaggio è ed è stata spesso veicolo di relazioni tra popoli e culture (Cassanelli 2005: 9).

Protagonista di questo saggio è il melodramma intitolato *Il Pirata*, musicato da Vincenzo Bellini su libretto di Felice Romani, rappresentato per la prima volta presso il Teatro alla Scala di Milano il 27 ottobre 1827. Esso si colloca come esordio della collaborazione Bellini-Romani, nata in condizioni perfette per la creazione di un'opera lirica poiché unione di due menti affini, pur nella diversità dei reami artistici di appartenenza, incarnanti e rispecchianti le due facce della stessa medaglia, rispettivamente, musica e parole, a livelli di eccellenza tali da spingere Emilia Branca a utilizzare per loro una descrizione, a ben vedere calzante anche per definire l'ideale rapporto tra le due arti coinvolte nell'analisi:

> l'uno era fatto per l'altro: rispondevano tutti e due, nel loro diverso modo di manifestazione dell'intelligenza, ad un medesimo concetto artistico, ad un medesimo complesso di sentimenti, impressioni, di affetto (Branca 1882: 117).

Primissimo esperimento di un sodalizio artistico che abbracciò quasi interamente la breve vita del compositore catanese, *Il Pirata*, storicamente parlando, rappresenta in realtà l'unica manifestazione in suolo italiano ed esito finale di un particolare processo di *traduzione* – nel senso più ampio del termine – di un testo inglese: *Bertram or The Castle of St. Aldobrand*, del reverendo irlandese Charles Robert Maturin – noto ai più per il successo ancora attuale del suo romanzo *Melmoth The Wanderer* (1820) – dramma che regalò al curato il solo successo della sua carriera per poi cadere in oblio dopo il breve arco temporale in cui infiammò – con ben ventidue repliche nel solo 1816 – gli animi degli spettatori che, tra scandalo – uno fra tutti, S.T. Coleridge, nel XXII capitolo di *Biographia Literaria*, si scagliò apertamente contro la tragedia definendola immorale e di cattivo gusto, fino a considerarla un *insult to common decency* (Coleridge 1834: 227) – ed empatia, accolsero la rappresentazione di un amore "illecito", quello tra Imogine e il suo "bandito", con "*loud applauses and without a dissentient voice*" ("The Times", 10 maggio 1816), rendendo un melodramma – in realtà non gotico, come venne pubblicizzato e recensito

> Among the Gothic dramas of the period, many of them mediocre, *Bertram* deserves to remain the preeminent Gothic stage spectacle (Tymn 1981: 112),

bensì solo blandamente sensazionalista – la *smash-hit* (Cox 2001: 107) dell'età di transizione tra dramma gotico e melodramma romantico. Questa tragedia in *blank verse*, accompagnata già in suolo britannico dalle efficaci musiche dell'irlandese Thomas Cooke (1782-1848)[1], aveva avuto la sua prima il 9 maggio 1816 presso il regio teatro Drury Lane di Londra con la "stella" genio e sregolatezza del tempo, Edmund Kean, nel ruolo del protagonista "eroe byroniano" Bertram, e una Miss Somerville al debutto in quello della donna amata, Imogine.

Felice Romani vantava una cultura classicheggiante ma soprattutto era un uomo curioso nei confronti dei fenomeni teatrali della sua epoca e, per il primo – senza compenso – esperimento operistico insieme a Bellini, scelse di sottoporgli proprio il soggetto di *Bertram*, sebbene non in maniera del tutto conscia o diretta; quello che fu musicato col titolo de *Il Pirata* è in realtà il prodotto finale di un deciso rimaneggiamento del dramma giunto al librettista per mezzo di ben due processi intermedi di *trasmissione* e *traduzione*; si sa per certo che egli non conosceva una parola di inglese e non entrò mai in contatto diretto con il testo del curato irlandese; egli potè, piuttosto, leggere e appropriarsi delle atmosfere dell'unica – alquanto "infedele" – traduzione in francese, datata 1821, del dramma, a opera di Jean Charles Emmanuel Nodier e del Barone Isidore Justin Sèverin Taylor, insieme a quelle dell'omonimo "dramma per musica" di "Monsieur Raimond"[2] il quale aveva condensato l'originale – una tragedia classica, in cinque atti, scritta nel pieno rispetto delle unità aristoteliche – in tre atti poi musicati da Monsieur Alexandre, accompagnati dal balletto di Monsieur Renausy e scenografie di Eugène Cicèri, andato in scena per la prima volta presso il Theatre du Panorama-Dramatique di Parigi il 26 novembre 1826.

Il soggetto a Bellini piacque al punto da suscitargli, durante il processo di "sofisticazione" del testo alla base della creazione della musica, un impulso a quello che in gergo tecnico è definito *self-borrowing*; i critici hanno ravvisato infatti somiglianze tra la musica de *Il Pirata* e alcuni movimenti di *Adelson e Salvini*, opera prima del compositore, su libret-

---

[1] Noto cantante, compositore e strumentista nativo di Dublino che, a partire dal 1815 e per quasi vent'anni, fu il *principal tenor* del Drury Lane. Fu il compositore di circa cinquanta produzioni per lo stesso Patent Theatre. Fu inoltre il direttore artistico-musicale del Vauxhall Gardens (il più celebre luogo di divertimento del panorama londinese), membro della Philarmonic Society di Londra e versatile musicista capace di suonare ben nove differenti strumenti.

[2] Molto probabilmente pseudonimo per lo stesso Taylor.

to di Andrea Leone Tottola, datata 1825, presentata come tesi di laurea presso il Conservatorio di San Pietro. Romani gli fu dunque "provocatore di buona musica" (Rinaldi 1965: 346), quella musica che più sentiva sua, al di là delle istanze di impresari e pubblico, e utile in quel processo di "svecchiamento" delle convenzioni drammatiche che a Bellini tanto premeva. Si sa per certo che il compositore ebbe piena voce in capitolo anche nell'articolazione del testo del libretto che, sebbene di origine inglese, si evolse fino a mantenere pochi elementi in comune con la fonte.

> Bellini and Romani [...] worked so closely together that the question of agency and the individual intention of either poet or composer become blurred (Smart 2000: 38);

inoltre, spesso, il compositore decise di libero arbitrio di tagliare, omettere e adattare alla sua musica la progressione delle parole, ponendo il Romani davanti al *fait accomplí* di cabalette già esistenti sulle quali plasmare poi i versi, come un "paroliere pop" *ante litteram*: ciò non stupisce, soprattutto alla luce delle teorie del musicologo Guido Pannain il quale afferma che: «il libretto è un elemento di articolazione della musica e per tre quarti lo fa il musicista anche se la stesura letteraria sia materialmente di un altro» (Pannain 1935: 102). Questa è probabilmente una delle ragioni per cui il libretto de *Il Pirata* ha in comune con la tragedia di Maturin soltanto le linee generali del *plot*, già in suolo britannico sintetizzabile come:

> quintessentially "romantic", set on a storm-tossed seashore and focusing on the proscribed love between a Byronic pirate-exile and a married woman who ends the opera insane (Smart 2000: 38).

Nell'anno della prima de *Il Pirata*, Maturin, per tutta la vita frustrato nelle sue aspirazioni artistiche, era purtroppo già morto da tre anni ma sarebbe stato fiero di essere l'ispiratore di un'opera lirica, a tutti gli effetti considerabile la primissima opera del romanticismo operistico italiano, rappresentata nel teatro allora considerato il più prestigioso d'Italia; dalla sua biografia e dalla corrispondenza con l'amico e "patron" Sir Walter Scott, si evince immediatamente la passione del curato irlandese per il "melodramma all'italiana" che egli soleva apprezzare presso i teatri "minori" britannici (il Little Theatre in Haymarket, il King's Theatre e il Sans Souci), tanto da attribuire a uno dei suoi più riusciti personaggi femminili, l'attrice (di melodrammi) e intellettuale Zaira Dalmatiani, protagonista del difficile romanzo *Women; or Pour et Contre*, la connotazione di cantante d'opera, immagine sulla quale egli aveva potuto a lungo fantasticare e che aveva potuto ben maturare anche grazie al matrimonio con Henrietta Kingsbury, cantante di fama che egli non perdeva mai occasione di vantare come ex allieva della celebratissima diva operistica italiana Madame Angelica Catalani.

Affinché potesse trovar riscontro di pubblico in suolo italiano, al soggetto inglese si dovette necessariamente mettere mano, "addomesticandolo": ciò è evidente già dall'*Avvertimento* all'opera vergato da Romani in cui si presenta la vicenda che si apre *in medias res* e in cui vengono presentati i protagonisti, caratterizzati musicalmente dalla nota triade musicale tenore-soprano-baritono[3] cui corrispondono rispettivamente le figure dell'eroe, amato dalla seconda, l'eroina romantica, e il "malvagio", considerabile riproposizione del *villain* gotico[4] inglese; il processo di "addomesticamento" parte dai nomi che, nell'opera lirica, vengono cambiati tutti, fatta eccezione per "Imogine", semplicemente italianizzato nel corrispondente "Imogene"; il nome del protagonista, Bertram – che, nelle intenzioni di Maturin, era volutamente connotato all'insegna dell'intertestualità come immediato rimando a figure letterarie già note presso un pubblico anglofono (si pensi al *prince not so charming* di *All's Well That Ends Well* di Shakespeare) – nel libretto viene sostituito con "Gualtiero", che, nella radice tedesca del nome – che significa "capo dell'esercito" –, racchiude l'essenza del personaggio come *leader* di una banda di pirati, esule e fuorilegge dopo la sconfitta di Manfredi[5] da parte di Carlo d'Angiò, con conseguente caduta del Regno di Sicilia sotto il dominio francese; infine, la "nemesi" di Gualtiero, il "malvagio" Aldobrand di Maturin, divenuto marito dell'amata Imogene durante gli anni di esilio di Bertram/Gualtiero, viene ribattezzato da Romani con il nome "Ernesto", dal significato letterale altrettanto emblematico di "se-

[3] L'arte del melodramma in età romantica amava un rapporto molto stretto tra timbro, età e tipo di personaggio, codificati in attribuzioni fisse di ruoli a voci specifiche; nel tenore contraltino, ad esempio, confluiva tutta una simbologia perfetta di ideali di generosità, purezza e lealtà attribuiti all'eroe.

[4] Si noti ne *Il Pirata* il rispetto ossequioso della triade canora classica, sebbene i tre personaggi siano protagonisti di un *plot* non convenzionale poiché Gualtiero non è un eroe ma un fuorilegge, Imogene è un'eroina "infedele" ed Ernesto dovrebbe rappresentare la legge, indi non essere associato alla figura dei malvagi classici cui appartiene il registro baritonale.

[5] Figlio illegittimo di Federico II Re di Sicilia.

vero", o, secondo altri, di "valoroso combattente". Mutano le *location* dell'opera, dalla Puglia "brumosa" del *Bertram*, in cui vengono menzionate la città di Manfredonia e il Golfo di Taranto, al generico Regno di Sicilia della versione lirica del dramma, e, in particolare, dal "vagheggiato" e immaginario Castle of St. Aldobrand al reale Castello di Caldora[6] ; inoltre, nell'opera di Romani, senz'altro agevolato dalla sua "italianità", si fanno concreti i riferimenti a reali figure storiche alla base della *reverse of fortune* del pirata – "il biondo" Manfredi di Sicilia e Carlo d'Angiò – in un contesto reale, quello della sconfitta del primo a opera delle truppe del secondo nella Battaglia di Benevento[7]; perfino il *setting* temporale è spostato di due secoli, dall'undicesimo secolo del *Bertram*, al tredicesimo de *Il Pirata*. Insieme ai nomi, muta in chiave addomesticante anche parte della caratterizzazione dei personaggi, probabilmente con la volontà di stigmatizzare ciascuno nel "ruolo" operistico corrispondente senza incappare in equivoci: nel dramma di Maturin, il "mite" Aldobrand, lontano dal castello per gran parte dell'azione, intangibile figura sul punto di arrivare, si "incattivisce" per essere il reale *villain* dell'opera lirica e diviene lo spietato Ernesto, baritono fisicamente presente sin dalla scena X del primo atto, accolto musicalmente con la marcia militare e l'applauso dei Cavalieri, con l'intento di conferirgli solennità e severità. Imogene stessa nell'opera lirica si tramuta da donna pavida e pallida – com'era nella tragedia irlandese – in una sorta di "eroina d'amore", soprano perfino sensuale, quando si tratta di perorare col suo sposo la causa dei naufraghi che, in qualità di pirati, dovrebbero essere imprigionati da Ernesto, garante della giustizia in quelle terre, che, invece, blandito dalle parole della donna, concede a tutti i pirati di tornare in patria. Quanto all'elemento percepito come "scabroso" a Londra – ovvero il triangolo amoroso Gualtiero-Imogene-Ernesto – nell'opera lirica, l'infedeltà di Imogene si attenua per non scandalizzare troppo il pubblico italiano e viene soltanto evocata nella promessa verbale di un appuntamento con il suo antico amore. Inoltre, se, nel *Bertram*, Aldobrand si confronta con

[6] Si ritiene plausibile un riferimento a una struttura reale, risalente al periodo evocato nell'opera lirica, ovvero il Carpinone, anche noto come Castello dei Caldora, sorto intorno al X secolo a picco sul fiume Carpino, raso al suolo a opera di Federico II di Svevia nel 1223, dopo la definitiva sconfitta di Tommaso di Celano e successivamente ricostruito nel XIV secolo per volere della famiglia D'Evolifino, ampliato nel 1400 a opera del condottiero Giacomo Caldora e dopo di lui dal figlio Antonio che prescelse il castello come sua abituale dimora.

[7] Il 26 febbraio 1266.

un'imperscrutabile Imogine, che lunaticamente gli sottopone freddezza e richieste di perdono, ne *Il Pirata*, Ernesto è uno sposo follemente geloso del passato della moglie e sospettoso al punto da giungere a dichiararle ch'ella "mal [...] cel[a] un cieco amor" (*Il Pirata*, atto II, scena III). Il finale del melodramma italiano sembra quasi precipitare vorticosamente, secondo gli stereotipi del teatro d'opera: Ernesto che, nel frattempo, ha appreso che Gualtiero è ancora vivo, sorprende il pirata durante l'appuntamento con Imogene e decide quindi di sfidare il rivale "a singolar tenzone"; è durante un regolarissimo duello fuori scena, e non in un agguato notturno, come nella tragedia di Maturin, che Ernesto perisce per mano di Gualtiero. I Cavalieri seguaci del vassallo castello giurano "vendetta intiera, atroce, [...] ad una voce" (*Il Pirata*, atto II, scena IX) e si dirigono alla ricerca del pirata ormai già condannato a morte, ma questi gli si presenta molto teatralmente davanti, inerme, esclamando, da martire: "vendicatevi alfin: l'acciar depongo, la morte attendo senza tremar" (*Il Pirata*, atto II, scena X). Come accade sempre nell'opera romantica, gli ultimi pensieri di Gualtiero sono d'amore e sono per Imogene, poi si consegna ai Cavalieri desideroso di una spedita morte, poiché è solo in questa ch'egli può trovare pace; a questa triste resa del pirata, segue, nella dodicesima scena, la "gran scena di pazzia" di Imogene, che tiene per mano il figlio mentre ode, nel delirio, il "suono ferale" [della tromba] (*Il Pirata*, atto II, scena XII) che scandisce l'esecuzione dell'amato. Durante la rapidissima scena finale, mentre i pirati cercano a sorpresa di salvare il loro capitano, Gualtiero attraversa il ponte, seguito dai suoi, ma, subitaneamente, ordina a tutti di fermarsi e si precipita dalla rupe, lasciando che il sipario cali tra le urla di Imogene che si dimena dalla stretta delle sue damigelle mentre tutti esclamano, cantando in coro: "che orror!".

Stilisticamente parlando, l'aspetto propriamente gotico tanto in voga nei teatri inglesi del tempo, eppure già in declino e appena accennato nella tragedia di Maturin, all'interno dell'opera del duo Bellini-Romani si eclissa per prestare il fianco esclusivamente ai vezzi del sensazionalismo che ben si addicevano al teatro d'opera italiano del tempo; l'azione si apre, infatti, con una spettacolare tempesta, che richiama il primo atto dell'*Iphigénie en Tauride* di Gluck su libretto di Guillard rappresentata nel 1779 ed è altresì molto simile a quella della prima scena dell'*Otello* di Boito, musicato da Verdi e rappresentato solo nel 1887: un vascello è in pericolo, abbattuto da venti e flutti e a bordo reca il fuorilegge Gualtiero insieme ai suoi seguaci, stranieri, esuli, sconfitti e fuorilegge, che, come accade nel *Bertram*, vedono il loro tormento interiore rispecchiato simbolicamente nella tempesta, resa dapprima nei dialoghi e poi nella musica dell'*ouverture*; essi sono metafora per "un popolo politicamente represso" (Ashbrook 1987: 15) che negli spettatori italiani doveva avere una valenza particolare, considerati i fermenti liberali che iniziavano a serpeggiare per la penisola[8], in cui iniziava a germogliare il nazionalismo celebrato poi da Verdi. L'elemento soprannaturale racchiuso nella laconica battuta: "*this is no earthly storm*" (*Bertram*, atto I, scena I) cui si allude nella descrizione della tempesta del *Bertram* scompare del tutto a favore di una spettacolarità del tutto mortale cui fanno da spettatori gli abitanti della costa che si affannano per portare aiuto ai miseri naufraghi; donne e uomini senza precisa caratterizzazione soppiantano i monaci del Convento di Sant'Anselmo del *Bertram* pronunciando però battute in effetti molto simili a quelle dei loro indiretti "modelli". La tempesta, tra il confusionario adunarsi di donne e cavalieri sulle rive a prestar soccorso al vascello, viene *intersemioticamente* tradotta da Bellini nell'efficace partitura dell'*ouverture*, capace di porre l'accento sulla sofferenza, la frustrazione e la fragilità umana per mezzo di una «straordinariamente efficace [...] lunga cantilena con frasi discendenti caratterizzate da momenti di sospensione» (Ashbrook 1987: 15).

Se la partitura, composta da quindici pezzi – cinque arie che spiccano in una progressione di duetti, terzetti, concertati e cori, cui si aggiunge una sinfonia – si conclude con la scena di follia della donna, il libretto prevede un ulteriore episodio che pone fine all'azione assecondando peculiari scelte "conservative" da parte del librettista: originariamente, infatti, il Romani aveva intenzione di mantenere nella sua opera la "gloriosa" scena del suicidio di Bertram che avrebbe sguainato il pugnale, uccidendosi sotto gli occhi dell'amata svenuta nella braccia delle sue damigelle. Per ironia della sorte, proprio come nel caso della tragedia di Maturin – marcata a tal punto dal rimaneggiamento da parte di Walter Scott e George Lamb da poter affermare che «*the chief problem in dealing with* Bertram *is the lack of a definitive text*» (Scott 1984: 124) – esistono più versioni del finale del libretto: quello originariamente vergato da Romani, simile *in toto* a quello inglese, fu ignorato da Bellini che volle ometterlo poiché Henriette Méric Lalande, il soprano francese sulla

[8] Nel 1827 tali insurrezioni vennero ferocemente represse, anche se l'Austria aveva ritirato alcuni contingenti presenti nella penisola, sollecitata dalle potenze del Congresso di Milano del 1825.

vocalità e sul carisma del quale il ruolo di Imogene fu plasmato, insistette per "il rispetto della prerogativa della primadonna" (Ashbrook 1987: 15) ossia la convenzione in base alla quale spettava chiudere l'opera a una romanza femminile. La signora Branca Romani espresse le sue preferenze circa il libretto originale del *Pirata*, testimoniando una lunga diatriba tra poeta e compositore che vagliarono anche l'ipotesi che, nella – già emendata – scena finale sul ponte, anche Imogene potesse trovare la sua fine in un provvidenziale crollo della struttura, che avrebbe visto i due amanti uniti almeno nella morte. Bellini, col piglio che gli si confaceva, tuttavia, optò per il tragico sacrificio scenico del solo Gualtiero, considerato di più forte impatto teatrale in un finale in cui a perire è, quasi per intervento divino, il solo pirata, probabilmente poiché «il Bellini non amava particolarmente i combattimenti in scena» (Romani, "Gazzetta Piemontese" del 19 ottobre 1837, n. 293) ma anche in virtù di quel grande rondò finale che egli già aveva immaginato per la conclusiva "gran scena di pazzia" di Imogene. Ci si soffermi su questa parte per dimostrare il rapporto di continuità esistente tra la fonte inglese e il prodotto finale operistico, a partire dalla contingenza testuale di parti del recitativo di Imogene "Ah, s'io potessi dissipar le nubi":

IMOGINE: If I could waft away this Low-hung mist That darkens o'er my blow – If I could but unbind this burning band That tightens round my heart. – Or night or morning is it? (*Bertram*, act V, scene III) C.R. Maturin	IMOGENE: Oh, s'io potessi dissipare le nubi Che mi aggravan la fronte! È giorno o sera? Son io nelle mie case o son sepolta? (*Il Pirata*, atto II, scena XII) F. Romani

A questo recitativo segue l'aria delirante – considerata momento topico dell'operismo romantico – *Col sorriso d'innocenza*, che dalla tradizione rossiniana mutua la citazione musicale iniziale ripresa poi alla fine nel canto; essa è musicalmente connotata da un trapasso di tempo nel recitativo, emblematico di uno stato d'animo offuscato e instabile conflui-to in un delirio che pare placarsi nella resa alla pazzia come «una visione di pace sottolineata dal modo maggiore e dal ritmo puntato» (Mussomeli 1991).

Musicalmente parlando, Bellini seppe in generale ben cogliere l'essenza dei personaggi e delle situazioni versificate dal Romani ch'egli non smise mai di ringraziare del dono di questo primo "rivoluzionario" libretto, dichiarando, in una lettera all'amico di sempre, Francesco Florimo, che "i versi e non le situazioni [gli] ispirarono del genio" (Florimo 1882: 514). La caratterizzazione dei personaggi unisce infatti molto coerentemente i versi alle note che li supportano: Imogene, stereotipo di eroina gotica "angelicata e oppressa" trova pause, note e libertà espressiva in romanze che *traducono* la parola in una partitura caratterizzata sin dall'inizio da un "canto sillabico", quasi ansimante, interrotto da pause (si veda l'aria del sogno premonitore *Lo Sognai Ferito Esangue*), caratterizzato da «un girare della voce intorno alla dominante del tono – un Re, che si colloca in un recitativo in Sol Minore –» (Mussomeli 1991) capace di conferire una forte tensione al canto, caratterizzato più volte da frammentarietà espressiva – quasi connaturata a un personaggio pieno di segreti e non detti – spesso colorata da movimenti musicalmente definibili "deliranti" poiché caratterizzati da una serie di cromatismi[9] vocali.

Bellini creò la partitura del personaggio di Gualtiero *ad hoc* per l'amico Giovanni Battista Rubini, interprete di un pirata estremamente romantico, ricco di *pathos* e poesia «per mezzo di fioriture sfumate e del tutto diverse da quei gorgheggi energici e ritmati» (Ashbrook 1987: 15) che caratterizzavano il suo canto di formazione rossiniana e grazie all'uso sapiente di un canto sillabico, quasi brutale, scevro di melismi, rispecchiante in pieno "*the central idea of disappointed love*" (Smart 2000: 37) . Fu grazie all'estrema valorizzazione della voce del Rubini a opera di Bellini – che propugnava l'idea che "bisogna pensare per chi si deve scrivere" (Mussomeli 1991) – divenuta chiara, agile ed estesa come non mai (capace di un si naturale e di prendere acuti nel cosiddetto registro di falsettone)[10] che nacque ufficialmente, proprio grazie a *Il Pirata* "il mito del tenore romantico", di fatto rendendo l'esecuzione del melodramma

[9] È curioso – e pertinente nel caso di Imogene – notare come questa pratica stilistica musicale in base alla quale vengono utilizzate alterazioni semitonali in una scala diatonica sia anche un termine evocante un disturbo neurologico molto simile all'allucinazione.

[10] Etichetta indicante la "modalità attraverso la quale venivano emessi i toni acutissimi da parte dei tenori fino ai primi decenni dell'Ottocento". È curioso notare che tale termine potrebbe essere una terminologia di comodo, mutuata da una *cattiva traduzione* dal tedesco *falsett-tone* (cioè tono di falsetto), utilizzata per giustificare le differenze di portanza vocale nei suoni emessi prima dell'avvento della copertura; cfr. F. Fussi, *Fisiologia della Voce Cantata*, II parte, su: http://www.medartes.it/index.

belliniano un'impresa quasi impossibile per i tenori delle età successive i quali si collocano esclusivamente come epigoni di un "caposcuola" nella storia di quest'opera e del canto tenorile in generale. Quanto a Ernesto, terzo protagonista della triade canora operistica romantica caratterizzante il melodramma, si può affermare che egli sia poco caratterizzato musicalmente; la partitura, concepita per la voce di Antonio Tamburini, anch'egli discepolo della scuola rossiniana, prevede una romanza classica, il tipico discorso del comandante ai suoi soldati, con virtuosismi piuttosto retorici e prevedibili, tuttavia adeguati a tradurre l'essenza di questo personaggio.

Apripista per una serie di ben riuscite opere liriche culminanti nel capolavoro *Norma* del 1831, *Il Pirata* ha il merito di donare per la prima volta immediatezza espressiva al teatro d'opera italiano ma soprattutto di tracciare una linea di continuità tra dramma inglese e musica italiana, regalando, se pur in un'altra veste, nuovo pubblico a un'opera britannica degna di essere ricordata poiché emblematica di un irripetibile momento storico, quello in cui lo spirito "giacobino" del tempo si fonde alla moda gotica e crea il primo fenomeno "pop" del teatro.

Bibliografia

Ashbrook, William, 1987, *Donizetti: le Opere*, Torino, EDT.

Branca, Emilia, 1882, *Felice Romani ed i più reputati maestri di musica del suo tempo*, Torino, Loescher.

Cassanelli, Giovanni, 2005, "L'Opera Italiana a Londra", in P. Moliterni, *Voci da Londra: gli Italiani e l'Opera Inglese tra '700 e '900*, Bari, Graphis.

Coleridge, Samuel Taylor, 1834, *Biographia Literaria*, Oxford, Clarendon Press.

Cox, Jeffrey N., 2001, "Reanimating Gothic Drama", *Gothic Studies*, 3, 2.

Florimo, Francesco (a cura di), 1882, *Bellini: Memorie e Lettere*, Siena, G. Barbera.

Maturin, Charles R., 1818, *Women: or pour et contre. A tale*, Edimburgh, James Ballantyne and Company.

Maturin, Charles R., 1847, "Bertram or the Castle of St Aldobrand", *Modern Standard Drama*, edited by Epes Sargent, LIII, New York, Berford & co.

---

php?option=com_content&view=article&id=91:fisiologia-della-voce-cantata-parte-seconda&catid=15:anatomia&Itemid=14.

Maturin, Charles R., 1955, *Bertram ou le Chateau de Saint-Aldobrand (traduit librement de l'anglais par Taylor et Ch. Nodier)*, Paris, Librairie Josè Corti.

Mussomeli, Gian Guido, 1991, "Lettura de "Il Pirata" di Vincenzo Bellini", *Rivista Diastema*, 0.

Pannain, Guido, 1935, "Vincenzo Bellini: saggio critico", *Rassegna Musicale*, 2.

Pirandello, Luigi, 1908, "Illustratori, Attori e Traduttori", in *Arte e Scienza*, I edizione, Roma, W. Modes Libraio-Editore,.

Rinaldi, Mario, 1965, *Romani Felice: dal melodramma classico al melodramma romantico*, Roma, De Santis.

Scott, Clay Shirley, 1984, *Myths of Consciousness in the Novels of Charles Robert Maturin*, New York, Arno Press.

Smart, Mary Ann, 2000, "In Praise of Convention: Formula and Experiment in Bellini's Self-Borrowings", *Journal of the American Musicological Society*, Spring, 53, 1.

Tymn, Marshall. B., 1981, *Horror Literature, a core collection and reference guide*, New York and London, R.R. Bowker Company.

Percorsi di traduzione intersemiotica: *Tilly* di James Joyce nella rilettura in musica di Ernest John Moeran

Mariacristina Petillo

> […] intersemiotic translation constitutes a privileged place in which to think out the problem of the migration and saturation of codes, and the aesthetic potential of each code and among codes.
>
> (S. Plaza, *Reflection of and on theories of translation*, 1981)

Introduzione

Scopo del presente contributo è riflettere sui rapporti di traduzione intersemiotica tra arti apparentemente diverse tra loro, quali poesia e musica, le quali, al contrario, possono spesso mostrare insospettati legami di somiglianza e comunione di intenti. Punto di partenza obbligato per introdurre la questione è l'ormai celebre tripartizione jakobsoniana del segno la quale, grazie a una opportuna distinzione terminologica, ha consentito di allargare l'idea stessa di traduzione in modi del tutto impensabili in precedenza. Nel 1959, lo studioso russo proponeva, infatti, di distinguere «*three ways of interpreting a verbal sign: […] 1) Intralingual translation or* rewording *is an interpretation of verbal signs by means of other signs of the same language. 2) Interlingual translation or* translation proper *is an interpretation of verbal signs by means of some other language. 3) Intersemiotic translation or* transmutation *is an interpretation of verbal signs by means of signs of nonverbal sign system*» (Jakobson 1959: 233). Superando gli schemi tradizionali, tale modello guardava alla traduzione da una prospettiva semiotica come un trasferimento di segni, in particolare come una interpretazione di segni alla luce di altri segni, ponendosi sulla scia degli studi di Charles Sanders Peirce. Interpretazione e traduzione hanno, dunque, a che fare con il significato e con il suo trasferimento da un sistema all'altro; più nello specifico, se si ritiene che un testo sia una trasmutazione, essa va analizzata come un insieme di segni che concorrono alla creazione di un significato il più possibile simile a quello che emerge dall'altro sistema di segni.

Tuttavia, il lascito più significativo che Jakobson ha fatto all'intera disciplina dei *Translation Studies* è legato alla sua capacità di andare al di là del linguaggio inteso come insieme di segni verbali (nella fattispecie unità lessicali e strutture grammaticali, come era tipico per i linguisti dell'epoca), non guardando più all'atto traduttivo come un semplice passaggio interlinguistico che avviene tra lingue diverse, bensì sviluppando una visione intersemiotica che ha consentito di includere anche sistemi di significazione non-verbali all'interno degli studi sulla traduzione. Ad esempio, la distinzione jakobsoniana tra traduzione interlinguistica e intralinguistica costituisce la base teorica per odierne forme di trasferimento linguistico rivolte a videolesi e audiolesi, mentre la traduzione intersemiotica è «*an integral element in multimedial and multimodal transfer, whether software localization or translation for stage and screen*» (Snell-Hornby 2006: 21). Resta, però, pur sempre irrisolta la questione legata alla difficoltà di decidere fino a che punto una riformulazione intersemiotica abbia così tanto alterato il messaggio del testo fonte da non poter più essere definita una traduzione; come ricorda Claus Clüver (1989: 57), «*[t]his decision largely depends on the context in which the message is used, and on its users*».

Sulla scorta di queste premesse metodologiche, tale lavoro intende riflettere sulla musicalità dei versi di *Pomes Penyeach*, raccolta poetica pubblicata nel 1927, le cui liriche sembrerebbero essere meglio destinate al canto che non alla lettura o alla declamazione orale, secondo quanto sostiene il poeta irlandese Padraic Colum nella sua prefazione a *The Joyce Book* (1933), omaggio artistico indirizzato a Joyce e contenente la messa in musica dei tredici componimenti di *Pomes Penyeach*. Nonostante la musica di tali versi sia «*very different from the clear lilt of Chamber Music, for it is tragic, resigned, and very moving*» (Colum 1933: 14), i compositori che hanno preso parte alla realizzazione di quell'antologia musicale hanno perpetuato la consuetudine di trasporre in musica la poesia di Joyce, contribuendo così alla sua diffusione attraverso un altro mezzo artistico, oltre ad aver dato vita a una delle ultime interessanti testimonianze della cosiddetta *English Musical Renaissance*. L'analisi verterà su *Tilly*, uno dei componimenti più rappresentativi di tale ben più matura raccolta poetica, e sul suo *setting* composto da Ernest John Moeran, musicista che già in precedenza aveva trovato nella poesia joyciana una intensa fonte di ispirazione.

Da un punto di vista teorico, questo tipo di indagine tra parole e musica è un esempio di traduzione intersemiotica, che indaga i passaggi di senso e le equivalenze traduttive tra sistemi semiotici eterogenei. Nel caso specifico di questo studio, il passaggio avviene tra un sistema di segni verbali e un sistema di segni musicali che sono entrambi compresenti nel momento finale della *performance* artistica, fornendo un bell'esempio di ciò che Pierluigi Basso (2000: 206) definisce "traduzione intersemiotica associativa" – in cui il testo di partenza poetico e il testo d'arrivo musicale sono compresenti e fruiti simultaneamente – per distinguerla da una "traduzione intersemiotica sostitutiva" in cui testo d'arrivo e testo di partenza sono del tutto indipendenti e fruibili ciascuno autonomamente, come per esempio un romanzo e la sua trasposizione cinematografica.

Riflessioni teoriche sulla traduzione intersemiotica

«*Intersemiotic translation is conceived of here, in the arts, as a space where conflict takes place (productively) among the various codes and elements of the system of art – from the production to the reception of a work of art, understood not as an absolute category but as a cluster of relations between the elements of that system: object-representation-interpretant-author-reader. It is within this cluster of relations that we can locate the act of creation itself contained in the act of translation, and vice versa, when language is set in motion*» (Plaza 1981: 45). Come emerge dalle parole di Julio Plaza, è connaturata nella condizione stessa dell'arte la capacità di intessere relazioni intersemiotiche in quanto essa «*becomes saturated, interweaves, resolves and dissolves in contact with other systems*» (*ibid.*). Partendo dall'assunto che ogni opera d'arte è tautologica per sua stessa natura e non può essere tradotta/riprodotta in un altro sistema segnico senza mutare la sua qualità, si arriva a postulare l'impossibilità di ogni traduzione. Se, infatti, si ritiene che la cifra primaria del linguaggio letterario – e ancor più di quello poetico – sia racchiusa nella sua forma e che il suo unico contenuto coincida con la sua stessa struttura, appare evidente che, parafrasando Albrecht Fabri, il cosiddetto verso assoluto o perfetto è di per sé intraducibile, se è vero che ogni atto traduttivo presuppone la necessità di separare il significato dalla parola che lo rappresenta: «*[a] poem's meaning, so radically conceived, turns out to be untranslatable: the cantus firmus of traditional translation theory*» (Clüver 1989: 59).

Anche Octavio Paz (1992 [1971]) e Roman Jakobson (2008), soffermandosi sull'intrinseca ambiguità che è costitutiva del linguaggio poetico, sottolineano che tradurre poesia è, almeno da un punto di vista teorico, impossibile per definizione. Se, tutt'al più, sarebbe possibile trasferire il livello denotativo di un testo, maggiori difficoltà si incontrerebbero sul fronte dei suoi significati connotativi, visto che la poesia è un fitto intreccio di connotazioni, echi, rimandi e corrispondenze tra suono e senso, oltre che di ritmo e suoni, strutture sintattiche e prosodiche, tropi e immagini. Non solo: le parole di un componimento poetico sono uniche e insostituibili, dato che in poesia la pluralità/ambiguità dei significati corrisponde alla fissità dei segni, e sostituirle equivarrebbe a distruggere l'opera stessa del poeta. In ultima analisi, ogni forma di poesia – e, per estensione, ogni messaggio estetico – è costituita da un irripetibile sistema di scelte che sono immutabili, in quanto date una volta per tutte. Tradurre significa mettere in moto questa fissità al fine di cristallizzarla in un nuovo sistema di scelte che ambisce a presentarsi come analogo rispetto all'originale.

Nel tentativo di uscire dalle sabbie mobili di vecchie e nuove teorie sull'intraducibilità, entrambi gli studiosi convergono sulla convinzione che la traduzione è un esempio di transcodifica creativa tra codici diversi, in cui sono praticabili solo forme di trasposizione creativa – come nel passaggio interlinguistico da una forma poetica all'altra – o di trasposizione intersemiotica da un sistema di segni all'altro. Si può, di conseguenza, ipotizzare che sebbene il testo originale e la sua traduzione differiscano sul piano del linguaggio, l'informazione estetica che entrambi recano sarà basata su una relazione di isomorfismo, similmente a quanto accade in natura a due o più sostanze che, avendo analoghe proprietà chimico-fisiche, cristallizzano con simile struttura[1]. Ciò significa che si sarà in presenza di una traduzione/trasmutazione tra codici artistici in cui si produrranno analoghi effetti con mezzi differenti. Se, inteso in questo senso, l'atto traduttivo si definisce come un ripensamento dell'in-

[1] Sulla questione si rinvia a de Campos 1992.

tera organizzazione segnica dell'originale all'interno di un lavoro altro che è trasmutato/transcodificato secondo una nuova selezione di segni, la traduzione altro non sarebbe se non un privilegiato luogo di incontro e di confronto semiotico tra lingue e sistemi segnici differenti. Tradurre, pertanto, vuol dire sviluppare e interpretare i segni del testo fonte in altri segni più elaborati per relazione di contiguità; il prodotto ultimo della traduzione sarà a sua volta un segno complesso e irripetibile che entrerà in relazione con il suo originale "*by the analogic force of its qualities*" (Plaza 1981: 57).

Facendo propria la tesi secondo cui traduzione e creazione sono due facce diverse di una medesima medaglia essendo operazioni di fatto gemelle e rivisitando alcune teorie della traduzione di Walter Benjamin, Haroldo de Campos introduce considerazioni di carattere squisitamente semiotico all'interno di una più ampia riflessione sulla traduzione poetica, allargando così il campo d'indagine verso modalità di *transcreations* tra arti diverse. In particolare, il traduttore dovrebbe dimostrarsi letterale nei confronti della forma, più che del contenuto, dell'opera originale visto che tradurre implica ben altro che un semplice passaggio interlinguistico tra lingue diverse. In altre parole, elementi strutturali di un componimento poetico – quali rima, ritmo, assonanze, consonanze, allitterazioni, prosodia – sarebbero persino più rilevanti degli stessi aspetti semantici. In questo modo, «*the fundamental criterion for this activity is translation of form: hence trans-creation*» (ivi: 50). La traduzione come forma, sebbene ponga anch'essa complessi problemi, si rende pur possibile nel momento in cui si accetta l'incapacità di ogni singola lingua di essere onnicomprensiva; piuttosto, è il confronto tra lingue diverse durante l'operazione di traduzione a mettere in moto il loro potenziale come generatrici di forme.

Anche Walter Benjamin – nel suo celebre saggio *Die Aufgabe des Übersetzers*, scritto nel 1921 e pubblicato nel 1923 come introduzione alla sua traduzione in tedesco dei *Tableaux Parisiens* di Charles Baudelaire – allude a questioni semiotiche che sono di estrema importanza per un approccio intersemiotico alla traduzione: lo studioso lascia di fatto implicita l'idea che, essendo ogni lingua satura di un'altra, la traduzione come forma è possibile. Ed è proprio questa continua migrazione da un codice all'altro – o meglio, questa "saturazione" di un codice in un altro – a porre le fondamenta teoriche per una piena praticabilità del concetto stesso di traduzione intersemiotica. Inoltre, Benjamin accenna alla stretta relazione esistente tra sistemi segnici molto lontani, quali quello visivo e verbale, sottolineando che, in quanto codici di rappresentazione della realtà, entrambi svelano una segreta parentela e affinità nel loro comune intento di rinviare a un medesimo referente, seppur percorrendo differenti canali artistici ed estetici. Si può così presupporre la possibilità di una proficua relazione tra i più disparati codici semiotici sulla base di due aspetti: il referente, grazie alla loro comune capacità di alludervi, e il significato, che ciascuno di essi comunica in maniera autonoma con i mezzi di espressione che gli sono propri.

Tuttavia, similmente a quanto accade per le lingue – che secondo Benjamin sono incomplete se considerate isolatamente le une dalle altre – anche nel caso di un confronto intersemiotico i diversi codici interagiscono secondo un rapporto che non è di semplice identità, bensì di complementare reciprocità capace di attivare quella saturazione tra codici che ha luogo proprio nel processo traduttivo. Nonostante l'incontro tra sistemi segnici diversi possa evocare l'immagine di un conflitto, avvalorando l'idea implicita di una «*totalitarian suppression of one system of signs into another system, in an attempt at impotent surpassing*» (ivi: 52), quello che viene generato è in realtà uno scontro di energie creative derivante dalla fruttuosa saturazione di un codice in un altro, operazione di cui si avvantaggia la traduzione stessa nella sua totalità. Quindi, è necessario eliminare dalla pratica intersemiotica ogni relazione di servile imitazione tra sistemi di segni al fine di sollecitare un *enriching conflict* in grado di mettere in luce la complementarietà delle reciproche differenze e da cui si possa produrre un potenziamento del significato da parte del traduttore-creatore. Va da sé, infatti, che ogni traduzione intersemiotica oscilla tra due poli opposti: un'esigenza di identità, che non può essere soddisfatta a causa della diversa natura dei sistemi segnici coinvolti, e un più concreto esercizio di trasposizione creativa, il solo in grado di salvaguardare una difficile, ma pur possibile forma di equivalenza traduttiva.

La traduzione intersemiotica, dunque, si colloca in una zona di frontiera, sospesa com'è tra l'essere fortemente subordinata all'originale o riconfigurarsi addirittura come un altro originale essa stessa. Così come avviene nella traduzione poetica, anche la traduzione intersemiotica si presenta come un caso estremamente interessante di creazione e/o ricreazione, in cui si impongono scelte interpretative e traduttive all'interno di un sistema di segni che è totalmente estraneo a quello del testo originale. Ovviamente, sono proprio queste scelte a determinare le dinamiche finali della traduzione, producendo o un allargamento di senso dell'originale oppure, al contrario, una intensificazione delle divergenze in relazione al testo fonte. Questo processo segnico finisce per trasformare la sintassi e imporsi su di essa, poiché i sistemi semiotici coinvolti nel processo traduttivo «*tend to form new contexts, new meanings and new structures*» (ivi: 53) che, essendo inevitabilmente differenti tra loro, percorreranno strade autonome rispetto all'originale.

Si può pertanto affermare che, per l'intrinseca natura dei segni, la traduzione intersemiotica conduce alla scoperta e alla creazione di nuove realtà, o meglio, di nuove forme capaci di esprimere e rappresentare un contenuto. Si pensi, ad esempio, alla traduzione/trasposizione di testi poetici in musica, che è il campo d'indagine del presente studio, in cui si assiste a una estrema divergenza tra testo fonte e testo d'arrivo sul piano dell'espressione; al contempo, la diversità dei codici impiegati determina un processo di fruizione del messaggio radicalmente differente. Per queste ragioni, scopo di ogni traduzione intersemiotica è evidenziare l'autonomia del nuovo prodotto segnico generato dall'interpretazione/traduzione dell'originale, nonché di rivelare le somiglianze mettendo in luce le differenze, anzi «*enhancing the clash between differences and similarities*» (ivi: 54).

Come è ben noto, infine, le teorie sulla traduzione hanno sempre sostenuto l'assunto secondo cui una corrispondenza totale non può essere raggiunta. Di conseguenza, ogni traduzione – e ciò è forse ancora più vero nel caso di una trasposizione intersemiotica – offrirà inevitabilmente qualcosa in più o in meno rispetto al suo testo d'origine. Il successo di tale operazione, sia essa interlinguistica che intersemiotica, dipenderà, in ultima analisi, non solo dall'abilità e dalla creatività del traduttore, ma anche dalle sue scelte legate a quali aspetti sacrificare e quali invece salvaguardare a tutti i costi nel testo d'arrivo, al termine di quell'inevitabile percorso di decodifica e interpretazione del testo di partenza che è alla base di ogni processo traduttivo. Tali decisioni saranno determinate dalla funzione che si vuol far assolvere alla traduzione stessa e dal contesto cui essa è destinata e all'interno del quale circolerà. Per concludere, se si accetta l'idea che i versi joyciani possano essere ricreati in un'altra lingua e in un'altra cultura, analogamente si può accettare l'idea che essi possano essere tradotti in un altro linguaggio segnico, ad esempio la musica. In questo caso, trovare la necessaria equivalenza in un sistema semiotico così diverso potrebbe essere più difficile, con maggiori sacrifici da un lato, ma anche con guadagni probabilmente più spettacolari dall'altro; per questo, «*a successful intersemiotic transposition should not be consi-*

dered less possible than a successful interlingual translation of a poem» (Clüver 1989: 62).

Pomes Penyeach

A differenza di *Chamber Music* (1907) – raccolta piuttosto convenzionale e stilizzata di brevi liriche su imitazione di modelli rinascimentali, la cui stessa metafora musicale nel titolo sembra essere una non troppo velata allusione alla tradizione elisabettiana di *songs* e *ayres* cui il giovane Joyce si ispirava, implicando forse che i trentasei componimenti non sono altro che *words for music* – *Pomes Penyeach* (1927) ha un carattere più privato e intimistico, poiché la raccolta nasce da una urgenza reale e personale che le conferisce quasi il sapore autobiografico di un diario di memorie o, come sostengono Adriaan van der Weel e Ruud Hisgen (1996: 165), di una "*odyssey of Joyce's emotional life*". Se la poesia di *Chamber Music* è carente di vera ispirazione e passione, suonando talvolta artificiosa e affettata, piena di inflessioni arcaiche e contorti *conceits*, *Pomes Penyeach* ha origine da un impulso poetico più autentico e spontaneo, molto più moderno e romanticamente ispirato, ai limiti del sentimentale. Tuttavia, nonostante la raccolta prenda spunto da esperienze personali e contenga forti elementi autobiografici, non si può non sospettare che si tratti pur sempre di «*a heavily fictionalized version, with some aspects dramatized to receive greater weight and others expurgated for public consumption. The overall effect he is at pains to achieve is clearly to present an image of a complete and a good man – Joyce's odyssey is no less mythical than Homer's*» (ivi: 167-168).

Malgrado il titolo vagamente dispregiativo – in cui lo stesso autore guarda ai suoi risultati poetici con ironico distacco, mettendo in guardia il lettore dal non aspettarsi molto da tale collezione, visto che, dopo tutto, non troverà altro che materiale di seconda mano, dal valore di pochi *pennies* – e l'opinione sprezzante di Ezra Pound[2], per non parlare di una ricezione critica priva di grossi entusiasmi, le tredici poesie di *Pomes Penyeach* si caratterizzano per una maggiore libertà metrica e controllo della forma, per l'originalità e la solida architettura dei componimenti più lunghi, per il carattere impressionistico di alcune liriche, per un

[2] Per il quale l'unico posto degno di *Pomes Penyeach* poteva essere «*in the Bible or in the family album with the portraits*» (Ellmann 1966: 155).

pervasivo spirito decadente che si dispiega dall'una all'altra con attenta sottigliezza di sfumature, per l'intensa purezza, effusione lirica e preziosità stilistica di alcuni versi, per l'orchestrazione e l'incisività di alcune immagini che sembrano ascrivere alcuni componimenti all'Imagismo, per una più profonda maturità e coinvolgimento emotivo che rivelano l'autenticità dei sentimenti da cui tali componimenti scaturiscono. Non è lungi dal vero, in ultima analisi, affermare che *Chamber Music* possa rappresentare un momento di blakeana innocenza nella vita di James Joyce, sia da un punto di vista strettamente biografico che artistico, mentre i componimenti del 1927 dimostrano di essere *songs of experience*, caratterizzati da un movimento discendente che non ammette alcuna possibile redenzione finale.

Sebbene le liriche di *Pomes Penyeach* non siano organizzate in un ciclo vero e proprio[3], come invece avveniva in *Chamber Music*, il lettore percepisce con chiarezza che la loro successione non è casuale, ma suggerita dal desiderio di creare delle relazioni di complementarietà al loro interno. Inoltre, questa esigenza di coerenza e unitarietà è ulteriormente rafforzata dall'impiego di alcuni espedienti musicali che Joyce aveva già brillantemente sperimentato nella sua prima raccolta poetica. Anche in *Pomes Penyeach*, pertanto, non è infrequente riscontrare una spiccata predilezione per una disposizione simmetrica delle parole, effetti fonici e onomatopeici, un linguaggio alquanto arcaico, strategie narrative a imitazione del fugato in musica per introdurre temi e immagini ricorrenti. In questo modo, avvicinandosi all'impalpabile condizione della musica, il linguaggio joyciano si distingue per una tessitura altamente musicale che sarà una delle qualità maggiormente apprezzate da quei compositori cimentatisi con la messa in musica dei suoi versi. Nonostante *Pomes Penyeach* non sia così dichiaratamente "musicale" come *Chamber Music* e malgrado un'atmosfera di fondo più cupa e decadente, ben lontana dalla graziosa leggiadria dei versi di gioventù, alcuni componimenti hanno una natura indiscutibilmente melodiosa, che ha attratto innumerevoli compositori fin dalla loro pubblicazione.

Questa è certamente una delle ragioni che indussero Herbert Hughes e Arthur Bliss a farsi promotori, nell'autunno del 1929, di un generoso

[3] Come sostiene Selwyn Jackson (1978: 16), «*in contrast to* Chamber Music *the poems in Pomes* Penyeach *are not in any sense a group or cycle. They are not united by a common theme or by a shared artistic purpose. They are simply the product of Joyce's spasmodic excursions into lyric poetry over a period of about twenty years*».

tributo artistico indirizzato al loro comune amico James Joyce[4]. Grazie alla collaborazione di altri compositori, i loro sforzi culminarono nella realizzazione di *The Joyce Book*, un volume di *songs* sulle tredici liriche di *Pomes Penyeach*, il quale fu pubblicato a Londra nel 1933 e circolò in una edizione limitata di cinquecento copie. Come ricordato dallo stesso Hughes (1933: editor's Note), «*[t]his book has evolved out of conversations that took place in Paris in the autumn of 1929. The talkers were Arthur Bliss and myself. We were attending a festival of contemporary chamber music arranged by Elizabeth Sprague Coolidge, and James Joyce had accompanied us to the Palais Royal where works of Bliss and Roussel and others were being performed. The subjective association of chamber music – that is, of intimate music – with the poetry of Joyce was to us like the association of wind and wave, of light and heat; and the idea of this collaboration, urged maybe by the emotional incidence of the festival, seemed to occur to us at the same moment*». E così, riconoscendo in Joyce «*an extremely sensitive poet*» e desiderosi di rendere omaggio «*to his genius and to that quality in him which Yeats has called his heroic intensity*» (*ibid.*), i due musicisti decisero ben presto di accantonare l'idea iniziale – ovvero selezionare e mettere in musica non più di quattro o cinque liriche – in quanto si resero subito conto che i tredici componimenti formavano un'unità e non potevano essere separati.

Il risultato finale, racchiuso in *The Joyce Book*, è sorprendente: anche se non tutti i musicisti coinvolti possono oggi essere ritenuti all'altezza dei ben più famosi George Antheil, Arnold Bax, lo stesso Arthur Bliss, John Ireland, Ernest John Moeran e Albert Roussel, ciononondimeno sono stati tutti in grado di evidenziare, con gli strumenti tipici del mezzo musicale, la forza espressiva della poesia di Joyce, dimostrando come l'unione dei due linguaggi artistici è in questo caso più che mai felice e capace di generare nuove aperture semiotiche. Se ne ha una conferma nel *setting* composto da Ernest John Moeran[5] per *Tilly*, la lirica posta ad apertura di *Pomes Penyeach* nonostante fosse stata scritta nel 1904, epoca in

[4] Per una ricostruzione di altre ragioni, di natura esclusivamente economica, si rimanda a Petillo 2009: 240, nota 2.

[5] Si vuole qui ricordare che, già nel 1929, il compositore inglese si era ispirato alla poesia joyciana scrivendo i *Seven Poems of James Joyce* su liriche di *Chamber Music*. Tale *setting*, secondo quanto lo stesso Joyce riferì in una lettera al figlio Giorgio nel 1934, rimase sempre il suo preferito subito dopo quello di Palmer: «*30 or 40 musicians at least have set my little poems to music. The best is Molyneux Palmer. After him are Moeran and Bliss*» (Ellmann 1966: 340).

cui Joyce stava lavorando ai componimenti poetici di *Chamber Music*. Tuttavia, poiché del tutto fuori contesto rispetto alle leziose convenzioni della poesia elisabettiana cui quel lavoro giovanile si ispirava, *Tilly* assurge a componimento proemiale dell'intera raccolta: in qualche modo, oltre a voler offrire un omaggio poetico in più nella migliore tradizione irlandese di aggiungere una ulteriore misura di latte nella brocca (il *tilly* appunto) ovvero un tredicesimo articolo a una dozzina standard (il cosiddetto *baker's dozen*), Joyce intendeva anche introdurre il suo lettore nel clima emotivo delle liriche successive.

Molte sono le teorie accumulatesi nel corso del tempo sulla genesi e sui possibili significati da attribuire ad alcune incisive immagini contenute in *Tilly*, la cui versione definitiva è il frutto, tra l'altro, di numerose revisioni e interventi da parte del suo autore[6]. Ad esempio, secondo Richard Ellmann la lirica avrebbe origine da un avvenimento del tutto autobiografico, la morte della madre di Joyce nell'agosto del 1903 cui alluderebbe il *torn bough* che fa sanguinare il poeta; secondo Chester G. Anderson il tema portante sarebbe la relazione di Joyce con John Francis Byrne, il traditore, su cui è anche modellato il personaggio di Cranly in *The Portrait of the Artist as a Young Man*, simboleggiato dal *boor* nella lirica; invece, secondo Robert Scholes, che pur vede nel tema del tradimento la chiave di lettura del componimento, bisognerebbe abbandonare il contesto biografico e analizzare *Tilly* da un punto di vista prettamente letterario. Infatti, «*[t]he bleeding bush or tree is a poetical image used by many of the greatest poets, including some Joyce most admired and knew best. The context to which Joyce is alluding here is a literary one, the knowledge of which will open the poem easily to us and enable us to perceive both its meaning and its excellence*» (Scholes 1965: 263). Da Virgilio e Ovidio fino a Dante, Ariosto e Spenser, questa immagine è sempre stata associata al tema dell'esilio, del tradimento, della slealtà che spinge fino al brutale assassinio dell'avversario. Pertanto, la lirica di Joyce altro non sarebbe che "*a variation on a traditional theme*" (ivi: 264), anche in considerazione del fatto che tali temi hanno accompagnato tutta la vicenda esistenziale e artistica di Joyce, da *Chamber Music* a

[6] La versione pubblicata nel 1927 in *Pomes Penyeach* differisce in maniera sostanziale da una prima bozza, originariamente intitolata *Cabra* e poi rinominata *Ruminants*, rimasta per molto tempo sotto forma di manoscritto. Per un'accurata analisi e comparazione delle due versioni si rimanda a Anderson 1958.

Finnegans Wake[7]. Infine, secondo Corinna del Greco Lobner e Gianni Pinguentini, *Tilly* altro non sarebbe che un mero esercizio poetico nel quale Joyce avrebbe deliberatamente trasformato *I Pastori d'Abruzzo*, nostalgico canto d'esilio di Gabriele D'Annunzio[8], nel proprio doloroso lamento per la sua sofferta solitudine sul continente.

Al di là di queste e altre speculazioni, il *setting* di Ernest John Moeran traduce pienamente la cupa atmosfera di esilio e tradimento che si coglie tra i versi. In primo luogo è interessante sottolineare la scelta di una tonalità minore, il la minore, le cui potenzialità drammatiche vengono ulteriormente enfatizzate attraverso l'introduzione di pesanti cromatismi che creano un clima psicologico di instabilità e inquietudine. Questa intenzione appare evidente fin dalle prime battute, caratterizzate da una lunga sequenza di accordi discendenti con una linea melodica fortemente cromatica:

Il movimento discendente degli accordi e l'indicazione di tempo "Lento" sembrano voler tradurre in musica il lento incedere del mandriano che conduce il suo gregge a casa, nelle campagne circostanti Dublino. Nella prima versione del componimento, la descrizione degli animali e

[7] Si rinvia al già citato lavoro di Scholes per la suggestiva ipotesi secondo cui in *Tilly* si potrebbe scorgere una sorta di risposta indirizzata a William Butler Yeats, in particolare al suo componimento poetico *An Old Poem Re-Written*, originariamente intitolato *The Dedication to a Book of Stories selected from the Irish Novelists*, in cui compare il tema dell'esilio e l'immagine di un ramo spezzato. Sul lungo processo di revisione di tale lirica si confronti anche Bornstein 1993: 173-176.

[8] Poeta molto amato da Joyce fin dai tempi in cui studiava presso l'University College di Dublino con Padre Carlo Ghezzi, che lo introdusse all'opera dell Immaginifico e di cui studiò così a fondo lo stile al punto da riuscire a imitarne la scrittura.

dell'uomo delineava una serena scena campestre, in cui nessuna ombra giungeva a perturbare i placidi ritmi quotidiani della natura. In effetti, *Cabra* appariva essere un breve idillio pastorale il cui pregio poetico risiedeva nella semplicità e coesione delle sue immagini. Non può dirsi altrettanto, invece, per l'ultima e definitiva versione della lirica, in cui si assiste a un sorprendente cambiamento di contenuti e di stati d'animo: qui Joyce introduce il nuovo tema del *flowering branch*, da cui scaturisce una fitta tela di tragiche allusioni ed echi letterari culminanti nell'immagine finale del *torn bough*. Persino i suoni non sono più gli stessi, perché la *soft music* prodotta dagli zoccoli degli animali si trasforma in una sgradevole *brute music*. Nel contesto della lirica, tale aggettivo esprime in modo assai appropriato l'atteggiamento quasi da automi degli animali e del mandriano, svelando la loro cieca indifferenza di fronte alla sofferenza del poeta. Moeran sottolinea la connotazione negativa espressa da *brute music* attraverso una modulazione dissonante nella linea vocale, sostenuta da un accompagnamento fortemente cromatico al pianoforte:

Che il compositore inglese abbia accuratamente compreso e trasposto il senso della lirica joyciana in musica si evince anche da un altro passaggio della sua partitura, quasi alla fine del *song*: qui il culmine emotivo della lirica (coincidente con il verso "*I bleed by the black stream*") è espresso dall'unico *sforzato* dell'intero pezzo, quasi a simboleggiare con i mezzi propri all'arte dei suoni il grido di dolorosa disperazione del poeta. Si incontra, inoltre, anche un interessante effetto di *word painting* sul termine *stream*, in quanto l'incessante movimento delle acque è tradotto musicalmente da rapide volatine di gruppi irregolari che si spengono in un *pianissimo*:

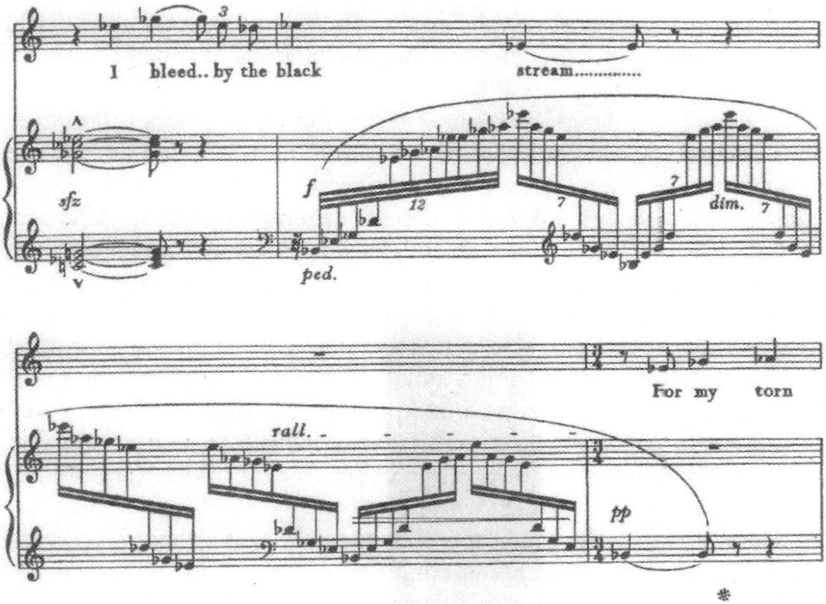

Si ritiene, infine, opportuno ricordare che *The Joyce Book* vide la luce in un momento storico in cui la gloriosa tradizione inglese della canzone nostalgico-sentimentale, tanto amata dallo stesso Joyce insieme alle arie d'opera, stava ormai tramontando, dopo aver raggiunto il culmine del suo successo intorno agli anni Venti. Si spiegano così le parole di Stephen Banfield che, nel suo corposo lavoro in due volumi dal titolo *Sensibility and English Song*, esplorava con minuzia di dettagli la ricchissima relazione tra musica inglese e poesia inglese nel periodo non a caso noto come *English Musical Renaissance*: «The Joyce Book *of 1933 [...] is perhaps as much a tribute to the end of an artistic period as to James Joyce himself*» (Banfield 1985: 322). Tale opinione non intendeva affatto sminuire il pregio artistico di questa ghirlanda di *songs* indirizzata al poeta irlandese; al contrario, lo studioso riconosceva che tutti i compositori coinvolti nel progetto avrebbero meritato un plauso ben maggiore da parte della critica per aver saputo gettare nuova luce sui versi di Joyce, cogliendo e volgendo in suoni il significato più profondo di *Pomes Penyeach*. Infatti, malgrado le inevitabili diversità legate alla propria personalità, formazione musicale e stile compositivo, quei tredici musicisti avevano saputo catturare «*the yearning and dreamy nostalgia,*

and even the desolation, of the Celtic spirit» (*ibid.*) presenti nelle liriche di Joyce, fornendo così coesione e organicità a una altrimenti miscellanea raccolta di *songs*.

Alla luce dei materiali poetico-musicali esaminati finora, un'ultima riflessione si impone sui rapporti intersemiotici tra le due arti sorelle. Come si è visto, nel tentativo di avvicinarsi e disambiguare la rappresentazione musicale di un'opera poetica, il testo fonte verbale determina già un primo inevitabile orientamento all'interpretazione delle principali componenti musicali del testo d'arrivo. A sua volta, però, la lettura degli elementi musicali rimanda immediatamente al testo poetico, sul quale è capace di gettare nuova luce facendo emergere significati altrimenti poco esplorati, favorendo una sfumatura di senso piuttosto che un'altra, aggiungendo nuovi percorsi interpretativi che potrebbero non essere propriamente espliciti nella composizione poetica ma che il compositore ha scorto come intrinseci all'opera e dunque degni di essere riportati in superficie nel testo musicale.

In definitiva, quello che si crea tra i due linguaggi artistici è un vero e proprio circolo ermeneutico, così come descritto da Hans-Georg Gadamer nel 1960, in cui l'attenzione si sposta continuamente dagli aspetti contestuali dell'opera alle sue singole componenti durante il processo interpretativo; in questo modo, testo poetico e testo musicale possono dialogare tra loro, riflettere sui loro reciproci contenuti ed eventualmente potenziarli, consentendo al tempo stesso a chi analizza entrambi i sistemi segnici di rivedere costantemente le proprie aspettative sul significato che si instaura dalla mutua interazione tra suoni e parole.

Bibliografia

Sulla traduzione intersemiotica:

Basso, Pierluigi, 2000, *Fenomenologia della traduzione intersemiotica*, in N. Dusi, S. Nergaard (a cura di), *VERSUS: Quaderni di studi semiotici. Sulla traduzione intersemiotica*, 85/86/87, Milano, Bompiani, pp. 199-216.

Benjamin, Walter, 2000 [1921], *The task of the translator*, in L. Venuti (ed.), *The Translation Studies Reader*, London-New York, Routledge, pp. 15-22.

Clüver, Claus, Spring 1989, "On intersemiotic transposition", *Poetics Today*, 10, 1, pp. 55-90.

de Campos, Haroldo, 1992, *Da tradução como criação e como crítica*, in H. de Campos, *Metalinguagem e Outras Metas*, quarta edizione, São Paulo, Perspectiva, pp. 31-48.
Jakobson, Roman, 1959, *On linguistic aspects of translation* in R.A. Brower (ed.), *On Translation*, Cambridge (MA), Harvard University Press, pp. 232-239.
Jakobson, Roman, 2008, *Saggi di linguistica generale*, in L. Heilmann (a cura di), terza edizione, Milano, Feltrinelli.
Nannoni, Catia, 2002, *Traduzione intersemiotica e altri saggi*, Torino, L'Harmattan Italia.
Paz, Octavio, 1992 [1971], *Translation: Literature and Letters*, in R. Schulte, J. Biguenet (eds.), *Theories of Translation: An Anthology of Essays from Dryden to Derrida*, Chicago, The University of Chicago Press, pp. 152-162.
Petillo, Mariacristina, 2006, *Traduzione intersemiotica: alcuni cenni teorici*, in R. Pititto, S. Venezia (a cura di), *Tradurre e comprendere. Pluralità dei linguaggi e delle culture*, Roma, Aracne, pp. 531-536.
Plaza, Julio, Summer-Fall 1981, "Reflection of and on theories of translation", *Dispositio*, VI, 17-18, pp. 45-91.
Ramos, José Luis, December 1980, "Translation as a semiotic process", *Comparative Literature Studies*, 17, 4, pp. 376-390.
Snell-Hornby, Mary, 2006, *The Turns of Translation Studies. New Paradigms or Shifting Viewpoints?*, Amsterdam, John Benjamins Publishing.

Sull'opera poetica di James Joyce:

Anderson, Chester G., June 1958, "James Joyce's 'Tilly'", *PMLA*, LXXIII, 3, pp. 285-298.
Banfield, Stephen, 1985, *Sensibility and English Song. Critical Studies of the Early 20th Century*, Cambridge, Cambridge University Press.
Bornstein, George, 1993, *What is the text of a poem by Yeats?*, in G. Bornstein, R. Williams (eds.), *Palimpsest: Editorial Theory in the Humanities*, Michigan, The University of Michigan Press, pp. 167-194.
Colum, Padraic, 1933, *James Joyce as Poet*, in H. Hughes (ed.), *The Joyce Book*, London, Sylvan Press, pp. 13-15.
del Greco Lobner, Corinna, Spring 1972, "James Joyce's 'Tilly' and Gabriele D'Annunzio's 'I Pastori d'Abruzzo'", *James Joyce Quarterly*, 9, 3, pp. 383-389.
Ellmann, Richard (ed.), 1966, *Letters of James Joyce*, vol. III., New York, The Viking Press
Gozzi, Francesco, 1974, *La poesia di James Joyce*, Bari, Adriatica.

Hughes, Herbert (ed.), 1933, *The Joyce Book*, London, Sylvan Press.
Jackson, Selwyn, 1978, *The Poems of James Joyce and the Use of Poems in his Novels*, Frankfurt am Main, Peter Lang.
Knowles, Sebastian D.G. (ed.), 1999, *Bronze by Gold: The Music of Joyce*, New York-London, Garland Publishing.
Petillo, Mariacristina, 2007, *Sulle orme degli elisabettiani:* Chamber Music *del giovane Joyce*, Bari, Digilabs.
Petillo, Mariacristina, 2009, *A minor Joyce? Pomes Penyeach set to music*, in F. Ruggieri, J. McCourt, E. Terrinoni (eds.), *Joyce in Progress*, Newcastle upon Tyne, Cambridge Scholars Publishing, pp. 236-247.
Petroski, Henry, April 1974, "What are pomes?", *Journal of Modern Literature*, 3, 4, pp. 1021-1026.
Pinguentini, Gianni, 1963, *James Joyce in Italia*, Verona, Ghidini e Fiorini.
Russel, Myra, Winter 1981, "The Elizabethan connection: the missing score of James Joyce's Chamber Music", *James Joyce Quarterly*, 18, 2, pp. 133-145.
Scholes, Robert, Summer 1965, "James Joyce, Irish Poet", *James Joyce Quarterly*, II, pp. 255-270.
Sen, Mihir Kumar, 1965, "The Poetry of James Joyce", *The Modern Review*, CXVIII, pp. 398-406.
Shawcross, John T., Fall 1969, "'Tilly' and Dante", *James Joyce Quarterly*, 7, 1, pp. 61-64.
Teicher Russel, Myra (ed.), 1993, *James Joyce's Chamber Music: The Lost Song Settings*, Bloomington, Indiana University Press.
van der Weel, Adriaan, Hisgen, Ruud, 1996, *The Wandering Gentile: Joyce's Emotional Odyssey in Pomes Penyeach*, in M. Beja, D. Norris (eds.), *Joyce in the Hibernian Metropolis: Essays*, Columbus, Ohio University Press, pp. 164-175.
Weaver, Jack Wayne, 1998, *Joyce's Music and Noise. Theme and Variation in His Writings*, Gainesville, University Press of Florida.
Zabel, Morton Dauwen, July 1930, "The lyrics of James Joyce", *Poetry*, 36, 4, pp. 206-213.

Jazz e improvvisazione nella poesia contemporanea in inglese: da Kamau Brathwaite a David Sylvian

Pierpaolo Martino

> Jazz is the only music in which the same note can be played night after night, but differently each time. It's the hidden things, the subconscious that lies in your body and lets you know: you feel this, you play this.
>
> Ornette Coleman, in W.H. Mellers, *Music in a New Found Land*

> Diversity is [improvisation's] most consistent characteristic. It has no stylistic or idiomatic commitment. It has no prescribed idiomatic sound. The characteristics of freely improvised music are established only by the sonic-musical identity of the person or persons playing it.
>
> Derek Bailey, *Improvisation. Its Nature and Practice in Music*

Nell'introduzione alla sua *A New History of Jazz* pubblicata da Faber & Faber nel 2008, il critico e contrabbassista inglese Alyn Shipton si sofferma sulla centralità del jazz nel ventesimo secolo e sulla sua capacità – grazie alla sua originale «*combination of syncopation, unusual pitching, vocal tones, and raw energy*» (Shipton 2008: 1) – di coinvolgere e generare risposte affettive e creative, da parte di individui appartenenti a etnie, geografie, generi e contesti sociali profondamente diversi.

Ciò che più affascina del jazz è la sua capacità di abitare gli interstizi, di vivere la soglia tra differenze come spazio privilegiato e sempre sfuggente di ascolto ed enunciazione. Il jazz è un linguaggio profondamente radicato in pratiche e processi complessi quali quelli di traduzione e migrazione. Su questo aspetto insiste non solo Shipton ma anche Ted Gioia, che nelle note conclusive di *The History of Jazz* scrive di un rifiuto da parte del jazz di star fermo (Gioa 2011), mentre Zenni nella sua *Prospettiva globale alla storia del jazz* sottolinea come nessuna musica più del jazz abbia a che fare con l'idea stessa di migrazione (Zenni 2012: 15). In sostanza, il jazz è una forma di *scrittura* che non può essere contenuta, un linguaggio che risulta essere sempre in viaggio, traducendosi in spazio accogliente che a sua volta chiede accoglienza.

Il jazz sin dalle sue origini – con la sua complessa sintesi di elementi africani ed euro-americani – si pone come musica basata sull'*interplay* e, in questo senso, esso ha a che fare, con la ridefinizione dell'identità in termini dialogici. Spesso nel jazz non vi è uno spartito da seguire o eseguire, ciò che si chiede al musicista, o meglio ciò che il musicista chiede a se stesso è di ascoltare il proprio corpo e quello dello strumento e soprattutto il corpo – la grana direbbe Barthes – altrui, al fine di tradurre il suono in suoni a venire, in una dimensione orizzontale, democratica che non concepisce alcuna verticalità o autorità. Il jazz può divenire in questo senso un modello per un'interazione sociale libera e non prescritta e per la costruzione di una soggettività pienamente polifonica. Il jazz è inoltre in grado di andare oltre se stesso dialogando, ossia muovendosi in direzione di altre forme d'arte quali la pittura, il cinema e la letteratura. Tutte queste forme artistiche sono del resto sistemi di modellazione che spesso dialogano tra di loro e attraverso cui leggiamo e conferiamo un senso alla realtà.

Come scrive Art Lange in *Moment's Notice*, una raccolta su jazz e letteratura:

> It is particularly unsurprising that a music which so frequently and characteristically aspires to the condition of speech, reflecting critically it seems upon the limits of the sayable, should have provoked and proved of enormous interest to practitioners of the art of the word (Lange 1993: i).

Le parole di Lange ci permettono di occuparci del jazz in un contesto diverso da quello delle sue origini – varcando non solo confini geografici ma i confini stessi della musica: nel secolo scorso, il jazz ha avuto un impatto molto forte in ambito britannico, come emerge dall'analisi di opere – romanzi, saggi, raccolte poetiche – di alcune delle voci più rilevanti della letteratura inglese e in inglese dagli anni Venti a oggi.

T.S. Eliot sarà tra i primi a fare riferimento al jazz in ambito britannico; Eliot, che tra l'altro amava suonare il banjo, aveva una certa familiarità con forme – proto-jazzistiche – quali il ragtime a cui fa riferimento in *The Waste Land*. La prima poesia di Eliot è senz'altro nutrita di forme e tecniche jazzistiche, di un gusto per la sincope e per certe sfumature tonali dei versi, nonché da un gusto per la colloquialità che Brathwaite stesso apprezzerà. Del resto quello del rapporto con la musica sarà un interesse costante degli scrittori modernisti; Pound vedeva nel divorzio tra musica e poesia la causa del declino dell'invenzione ritmica e melodica in ambito poetico, mentre Virginia Woolf nutriva le sue pagine di un immaginario nonché di forme e strutture mutuate dal discorso musicale, traendo spunto, soprattutto in *To the Lighthouse* (1927) e *The Waves* (1928), da forme classiche per giungere a esiti musicali che sembrano anticipare la poetica di John Cage e certe forme di jazz europeo quali quelle prodotte dalla ECM tra anni Settanta e Ottanta, in cui la dimensione spaziale, fisica della musica (come vedremo con Sylvian) sarebbe diventata centrale. Joyce dal canto suo, ha un rapporto viscerale con la musica, che lo porterà a eccedere la musica da camera delle sue prime raccolte di poesie e di racconti per far sua una poetica della invenzione e giustapposizione sonora che oltre a colpire profondamente Cage sembra anticipare certi esiti della *free improv* europea.

Nel periodo postbellico il jazz diventerà una preoccupazione fondamentale per autori quali Philip Larkin e Colin Macinnes. Larkin si occuperà di jazz prevalentemente in veste di giornalista scrivendo recensioni per il "Telegraph" dal 1961 al 1968, privilegiando lo swing e l'hot jazz di Armstrong, Basie, Ellington rispetto al be bop e al free jazz. In ambito poetico Larkin fa riferimento al jazz in *Reasons for Attendence*, in cui descrive la voce di una tromba come *loud and authoritative* ritraendo una scena in cui il protagonista vive un forte senso di alienazione rispetto alla felicità di due giovani amanti che ballano a tempo di swing, e *Sidney Bechet*, dedicata al sassofonista originario di New Orleans, in cui celebra le origini del jazz, attraverso un autore che non ha mai fatto del purismo la sua preoccupazione e che, spesso, contaminava la sua musica di inflessioni e ritmiche caraibiche. MacInnes celebrerà nei *London Novels* (1958-60) il jazz in quanto swing e fonte di intrattenimento nei club londinesi, descrivendo il jazz come pratica sociale inclusiva, spazio dialogico in cui non solo i musicisti, ma anche gli ascoltatori e coloro che danzano a ritmo di swing possono interagire al di là di ogni appartenenza.

Va detto che MacInnes scrive di personaggi provenienti dalle ex colonie britanniche, in particolare da Africa e Caraibi, dal punto di vista di un autore bianco, che spesso non riesce ad andare oltre alcuni stereotipi. A partire dagli anni Sessanta il centro dell'impero dovrà necessariamente misurarsi con voci provenienti dalle sue periferie, che a volte come nel caso di Selvon varcheranno i confini tra nuovo e vecchio mondo per abitare il centro del potere coloniale, mentre in altri casi saranno in grado di costruire, da lontano, potenti discorsi in grado di far vibrare e di destabilizzare con la loro musica lo spazio identitario del colonizzatore.

Quella dell'autore caraibico Kamau Brathwaite è una poesia in cui la scrittura si traduce in suono, in notazione tesa verso una comprensione musicale, improvvisativa, sempre aperta e in divenire. A differenza di Derek Walcott, Brathwaite nutre la sua pagina non tanto di poesia, di parola altrui, quanto di ritmi, timbri e melodie provenienti da almeno due continenti: Africa e America, prestando particolare attenzione all'affascinante dialogica che in quest'ultima lega blues, jazz e musica caraibica. La complessa migrazione di espressioni musicali, che l'autore mette in scena nella sua opera, dice indirettamente un vissuto sospeso tra continenti e culture diverse.

Nato a Barbados nel 1930 Brathwaite frequenta l'Harrison College dove vince una borsa di studio per recarsi a studiare Storia a Cambridge. All'esperienza inglese, dove si sente *neglected and misunderstood*, segue un lungo soggiorno di lavoro in Ghana; è qui che l'autore raggiunge ciò che egli definisce «*awareness and understanding of community, of cultural wholeness, of the place of the individiual within the tribe, in society*» (Morris 1995: 117-118). Una volta tornato nei Caraibi egli si accorge di non essere mai davvero partito dall'Africa: «*that it was still Africa; Africa in the Caribbean*» (*ibid.*). Al suo ritorno nei Caraibi egli sente di aver completato il *triangular trade* delle sue origini storiche.

La trilogia *The Arrivants* (1973) – che include le tre raccolte poetiche intitolate *Rights of Passage*, *Masks* e *Islands* – offre una complessa indagine del rapporto tra Africa e Caraibi. Come osserva Brown il tema della trilogia

> is that of re-birth, re-discovery, reclamation of identity for West Indian

> people through an examination of their roots in the African past. In all his work [...] Brathwaite explores the ways in which an acceptance of those roots will begin to heal the negative self-images established by the experience of middle-passage, plantation and colonial life (Brown 1995: 9-10).

In sostanza, la ri-scoperta di un rapporto dialogico e profondo con il continente africano si pone come possibilità di riscrittura della propria identità per un intero popolo. Il primo volume della trilogia, *Rights of Passage*, offre immagini del New World Negro, «*forever on the move and with little memory of ancestral Africa*» (Morris 1995: 119). La seconda raccolta, *Masks*, segna un ritorno al passato africano, ponendosi in questo senso come traduzione in versi dell'esperienza vissuta in prima persona da Brathwaite. Si tratta, tuttavia, di un percorso complesso che nella raccolta assume la duplice maschera di un viaggio attraverso la storia e la cultura africana – interessante in questo senso il celebre poema *The Making of the Drum* in cui Brathwaite canta della sacralità e unicità della voce del tamburo africano – e di un *journey* in direzione opposta, in cui un *black* caraibico cerca di trovare i segni della propria appartenenza al continente africano, senza effettivamente riuscirci; eppure il contatto con l'Africa segnerà (rendendolo più forte e consapevole) il protagonista del poema.

L'ultima raccolta, *Islands*, è incentrata sulla ricerca e la valorizzazione di elementi africani nella cultura caraibica e include il celebre poema intitolato *Limbo*, in cui l'immagine della danza caraibica da cui viene il titolo è utilizzata per raccontare sia l'oppressione del colonizzatore sugli schiavi sia la capacità di questi ultimi di elevarsi attraverso la musica e la danza al di sopra di questa stessa oppressione:

> knees spread wide
> and the dark ground is under me
>
> down
> down
> down
>
> and the drummer is calling me
>
> limbo
> limbo like me

sun coming up
and the drummers are praising me

out of the dark
and the dumb gods are raising me

up
up
up (Brathwaite 1973: 195).

Brathwaite parlando della struttura triadica della raccolta e della componente fortemente dialogica della stessa afferma:

> it was really a matter of raising an issue, replying to that issue and trying to create a synthesis. In other words, the first question is: How did we get into the Caribbean? […] And the antithesis to that was […] that they came out of migration out of Africa, so that the second movement on the trilogy was the answer to that question […] Hence *Masks*. And then we came out of Africa and went into the New World. Hence *Islands*. So the trilogic form is based upon the question, an answer and resolution of that answer (Mackey 1995: 13).

Nelson, in uno studio intitolato *The Music of Kamau Brathwaite*, vede questa insistenza sull'elemento triadico come possibilità organizzativa di natura sinfonica e cerca di applicare nozioni prese in prestito da una musicologia di stampo classico – quali forma, melodia, ritmo, tempo e armonia – per cercare di definire l'opera del poeta caraibico (Nelson 2007: 128). La forza dell'opera di Brathwaite risiede tuttavia proprio nella capacità di fuoriuscire da ogni sistematizzazione rigorosa per tendere verso una risposta attiva, da parte del lettore/ascoltatore. In questo senso la *musica* di Brathwaite altro non è che il frutto dell'*interplay* tra musiche popolari di ogni tipo, ovvero musiche africane, blues, reggae, calypso, ska e soprattutto jazz. La complessità della scrittura di Brathwaite risiede proprio nel costante tentativo di ricorrere al molteplice, eccedendo la riduzione della sua opera a semplice movimento nostalgico di ritorno all'Africa. Come nota Nadi Edwards quella di Brathwaite è una visione della cultura caraibica in quanto «*polyvocal conversation that must be defined in terms of the process of creolization*» e che dunque rimanda alle conclusioni di Bachtin «*regarding social discourses as dialogized heteroglassia*» (Edwards 2007: 8). Non deve dunque meravigliare se Brathwaite abbia dato al jazz, in quanto genere dialogico per eccellenza, un posto di primo piano nell'organizzazione della sua opera più nota; infatti, sebbene si tratti di un'espressione culturale non strettamente caraibica, il jazz è la forma musicale che più di ogni altra si avvicina ad aspetti dello scambio linguistico quali il *turn-taking* e l'improvvisazione su un tema dato.

In uno studio intitolato *Brathwaite and Jazz* James nota come «*Brathwaite brilliantly employs the resources of sound and rhythm to create contrasting musical styles*» (Brown 1995: 65). Come in effetti afferma il poeta, il jazz «*does not get stick to a single statement but has a series of statements*» (ivi: 84). In un poema intitolato *Folkways* il poeta costruisce i suoi versi sul ritmo di un blues boogie-woogie, offrendo una scrittura incredibilmente sonora in cui è quasi possibile percepire il suono del un *ride* di una batteria jazz:

Come
Come bugle
Train
Come quick
Bugle
Train, quick
Quick bugle
Train, black
Boogie-
Woogie wheels
Fat
Boogie-
Woogie wagon
Rat tat tat (Brathwaite 1973: 33).

Questo tipo di scrittura – rotta, sincopata, assolutamente non-lineare – viene vista da Morris in rapporto alla tecnica jazzistica delle blue-notes, ovvero le terze, le quinte e le settime diminuite di una scala minore che permettono all'ascoltatore di percepire il semitono adiacente la nota in questione (Morris 1995: 128). La trascrizione di "boogie-woogie" nel passo citato rende quest'idea, anche se Morris indica come esempi principali alcuni passi di *New World A-Comin* (in *Rights of Passage*) quali:

O who now will help
Us, help-
Less, horse-
Less, leader-
Less, no
Hope, no
Hawkins, no
Cortez to come (Brathwaite 1973: 10).

In questo passo l'enfasi è sull'idea di privazione; questa tecnica è ampiamente diffusa nella prima delle tre sezioni, proprio perché incentrata su un'idea di frammentazione, in cui tuttavia, come afferma l'autore, viene conservata la speranza per il futuro.

L'interesse del poeta per il jazz lo porta a scrivere a fine anni Sessanta un saggio molto importante intitolato *Jazz and the West Indian Novel* nel quale mette in rapporto il jazz e la letteratura caraibica nel tentativo di creare un'estetica della dissonanza che gli permette di sperimentare delle alternative alla cultura eurocentrica. Oltre all'enfasi sulla componente sonora Brathwaite individua tre aspetti del *jazz novel*: l'essere radicato nella cultura africana, l'esprimere un senso di protesta e il dar voce al senso di comunità/coralità della società caraibica. Nel suo celebre saggio, Brathwaite offre una lettura in chiave jazzistica di un romanzo di Roger Mais intitolato *Brother Man* (1954) leggendo le dinamiche tra personaggi come dinamiche tra strumenti coinvolti in processi improvvisativi. Il romanzo di Mais racconta voci soliste, la cui stessa interazione rimanda tuttavia a quella dimensione collettiva, corale, polifonica che è una caratteristica dello spirito creativo caraibico.

Brathwaite pone particolare enfasi sul jazz perché – a differenza della ballata che rappresenta una forma essenzialmente pastorale – il jazz è una forma folk urbana:

> that has wider and more overt connections and correspondences with the increasingly cosmopolitan world in which we live, than the purely West Indian folk forms [...]. Most importantly, jazz, in several quarters, is already *seen* to be, or to represent, an alternative to the "European" tradition (Brathwaite 1993: 107).

Considerando il jazz al tempo stesso folk urbano e cosmopolita Brathwaite riesce inoltre a eliminare la distinzione tra cultura alta e bassa. Brathwaite, va detto, considera il jazz in netto contrasto con il blues della cultura degli schiavi; infatti il jazz rappresenta il suono, la voce e la musica del *negro* emancipato: di qui l'enfasi sui ritmi sincopati, la bravado, l'improvvisazione, lo swing; si tratta, in breve, della musica degli schiavi liberata dal senso di soggiogazione. In questo senso il jazz rappresenta:

> the perfect expression for the rootless, "cultureless" truly ex-patriate Negro. Jazz has been from the beginning a cry from the heart of the hurt man. We hear this in the saxophone and trumpet. But its significance comes not from this alone, but from its collective blare of protest and its affirmation of the life and rhythm of the group (ivi: 56).

Durante un'intervista rilasciata a chi scrive a Kingston lo stesso Brathwaite affermava come:

> It just happens to be jazz; but I was seeking for a musical form which allowed me to hear the speaking voice, which allowed me to see the individual within the community, and which allowed me free improvisation within a tradition and jazz does it (Martino 2009: 121).

La poesia di Brathwaite si concentra su aspetti specifici del jazz. Il jazz non è tanto contenuto quanto stile, esso adatta e trasforma melodie e forme musicali; esso dipende come la tradizione orale quasi del tutto dalla performance. Il jazz si basa su una continua creatività, lascia ampio spazio all'improvvisazione, ma assume senso solo all'interno dell'*ensemble*, all'interno della sensibilità collettiva. Il jazz esprime inoltre un'esperienza nera contemporanea nel suo passaggio dalla schiavitù alla libertà e dalla campagna alla città, dando voce tuttavia a un senso di alienazione, caos, disillusione e speranza caratteristico di tutte le culture subalterne del nuovo mondo.

Brathwaite sarà profondamente influenzato da musicisti quali Armstrong, Coltrane, Ayler e sarà molto vicino a Cecil Taylor Armstrong – a cui il poeta dedicherà la raccolta *Black+Blues*, maestro di quella che Francis definisce *dissonance of form* (Francis 2007: 147) – influenzerà molto il poeta caraibico soprattutto per la sua capacità di manipolare forme e strumenti liberandosi dai dettami della cultura occidentale. La stessa raccolta *Black+Blues* include un poema intitolato *Trane* dedicato a John Coltrane, mentre il poeta dedicherà un poema intitolato *Clock* ad Albert Ayler. Brathwaite amerà particolarmente la sperimentazione e il free jazz che Derrida in una bella intervista a Ornette Coleman definirà *the other's language* (1997).

In breve, per Brathwaite, «*poetry is a form of music, it is oral, verbal, vocal music*» (Martino 2009: 119), come la musica, e in particolare come il jazz, la poesia deve essere in grado di parlare alla comunità, alternando *call and response*, enunciazione e ascolto. Attraverso il jazz il più *popolare* tra i poeti caraibici dà corpo a una voce in cui il popolo caraibico può riconoscersi, che al tempo stesso risulta in grado di raggiungere lettori e ascoltatori lontani, in quel processo di esodo e migrazione, verso il centro dell'impero che caratterizza le più importanti espressioni artistiche caraibiche.

In ambito anglofono si è assistito spesso a processi diametralmente opposti a quello sperimentato da Brathwaite, vale a dire allo spostamento e alla migrazione di forme di scrittura nate nel cuore dell'impero, spesso da autori di origine inglese, in direzione di culture lontane in grado di decentrare l'identità di una scrittura sicura di sé attraverso l'apertura a linguaggi e tradizioni altre; e ciò non attraverso un'appropriazione orientalistica dell'altro, ma attraverso un'apertura dialogica in cui l'altro e il sé non possono che con-fondersi. Ci riferiamo qui in particolare al lavoro del poeta e cantautore inglese David Sylvian, nella cui vicenda artistica e personale il jazz e l'improvvisazione avranno un ruolo centrale.

Se in Brathwaite assistiamo a un movimento dalla periferia verso il centro, da un lato come processo di *writing back to the centre* e dall'altro come appropriazione di strumenti di diffusione del sapere occidentali (la casa editrice Oxford University Press per la quale ha pubblicato, la New York University dove Brathwaite è docente di letteratura), in Sylvian si assiste a un movimento dal centro alla periferia, che si concretizza nella presa di distanza dal *pop mainstream* occidentale (per assumere modelli provenienti da culture altre e da certa avanguardia) e in una rinuncia alle *major* come strumento di diffusione della propria musica. È interessante notare come il titolo stesso della recentissima biografia di Sylvian curata da Christopher Young sia proprio *On the Periphery*, titolo che rimanda a un'intervista in cui Sylvian afferma:

> The periphery is the area that I inhabit in every aspect of my life [...] I've now come to embrace the notion that this is my rightful place [...] when the free floating elements which constitute my life come to settle in place, this is where I find myself (Young 2013: 5).

Al pari di quella di Brathwaite la vita di Sylvian è stata segnata da molteplici processi di migrazione che ne hanno fatto un *translated man* (Rushdie 1991) in grado di muoversi liberamente tra vecchio continente, Stati Uniti, India e Giappone.

La vicenda artistica di Sylvian ha inizio con i *Japan*, un *ensemble* di art-rock composto da Sylvian, Steve Jensen, Richard Barbieri e Mick Karn. Come scrive Simon Reynolds in *Rip it Up and Start Again*, i *Japan* sin da loro esordio cercarono di opporre resistenza alla realtà mondana della Gran Bretagna urbana, ostile all'indole artistica di giovani che simpatizzavano con l'idea di androginia. Ciò che più caratterizzava il discorso artistico dei *Japan* era l'interesse per il concetto di maschera – che giungeva loro da Wilde – che da un lato si concretizzava nell'impiego di un *make-up* piuttosto marcato e dall'altro nella creazione di una musica artefatta dietro cui lo stesso Sylvian tendeva a nascondersi (Reynolds 2005: 335-336). Va detto che la musica dei *Japan* sebbene contemporanea al punk si poneva in netto contrasto con l estetica DIY, gli aspetti che maggiormente caratterizzavano il *sound* del gruppo erano le tessiture esotiche dei synth di Barbieri e il basso *fretless* di Mick Karn, musicista di origini cipriote, che aveva introdotto un'ambiguità tonale e una ricchezza timbrica e ritmica destabilizzante in grado di marcare con inflessioni mediorientali una tela sonora già estremamente ricca e complessa. Purtroppo il discorso artistico dei *Japan* si mosse in direzione di un approccio commerciale pensato dalla stessa Virgin e fu questo l'aspetto che spinse Sylvian ad abbandonare la band nel 1982.

Come scrive Young (2013) negli anni successivi allo scioglimento dei *Japan* Sylvian opererà un divorzio tra musica e immagine, conferendo centralità alla ricerca sonora e mettendo da parte gli imperativi dello *show-business*. Ciò gli permise di accedere ad aree di crescente spontaneità e creatività che tra le altre cose lo porteranno a collaborare con numerosi musicisti provenienti da aree diverse quali l'elettronica, la musica contemporanea e il jazz. Nei mesi immediatamente successivi allo scioglimento dei *Japan*, Sylvian intraprende una feconda e duratura collaborazione con il compositore giapponese Ryuichi Sakamato, con cui tra l'altro comporrà un celebre brano intitolato *Forbidden Colors* incluso nel film *Merry Christmas, Mr Lawrence* (1983). Sakamato suonerà anche nei primi due album da solista di Sylvian, vale a dire *Brilliant Trees* del 1984, e soprattutto *Secrets of the Beehive* del 1987, che Power definisce uno *splendid effort* (Power 2004: 127) in grado di trasmettere il senso di gioia e dolore che ritroviamo in un disco blues; si tratta di una preziosa sequenza di canzoni, di brani in cui domina una dimensione acustica e intimistica che conferisce centralità alla voce di Sylvian.

Se in Brathwaite è la letteratura che si muove in direzione della musica – e l'autore caraibico si spinge sino al punto di pensare la poesia come forma musicale – in Sylvian è la musica stessa a muoversi in direzione della letteratura; qui la forma canzone, e in particolare la *ballata*, si pone come forma poetica il cui senso tuttavia, come vedremo, è in grado di eccedere la parola scritta.

A partire dal suo stesso titolo, *Secrets of the Beehive* sembra rimandare a una dimensione mitica di cui si è nutrita tanta scrittura letteraria, soprattutto in inglese. Nel contesto della Grecia antica le api erano fonte di fascino e attrazione e la loro misteriosa origine ispirò la leggenda di Aristeo, il cui alveare, come narra Virgilio, fu distrutto dallo stesso Orfeo – il dio della poesia e della musica che aveva il potere di incantare gli animali e di far muovere oggetti inanimati – in seguito alla morte di sua moglie Euridice di cui Aristeo era in parte responsabile. L'alveare di Sylvian – che, come nota Young, rimanda da un lato a un rapporto positivo tra individuo e natura e dall'altro al desiderio dell'artista di far parte di una *società* di cui sentirsi elemento integrante – rappresenta anche e soprattutto uno spazio sonoro (e tra l'altro le api rimandano a interessanti associazioni sonore) in cui egli inscrive la sua particolare versione del mito. Uno dei brani dell'album si intitola *Orpheus*, e rappresenta ancora oggi uno degli esiti migliori all'interno del *corpus* musicale di Sylvian. È interessante notare come qui il riferimento di Sylvian non sia esclusivamente al mito classico, ma alla sua riscrittura filmica da parte di Jean Cocteau (*Orphée* del 1949) il cui tema principale è il contrasto tra realtà e illusione. Nella canzone Orfeo è una musa onnipresente che nelle prime battute sembra disinteressarsi alla realtà, lasciando il protagonista turbato da dilemmi e insicurezze personali:

> I harbour all the same worries as most / The temptations to leave or to give up the ghost / I wrestle with an outlook on life / That shifts between darkness and shadowy light / I struggle with words for fear that they'll hear / But orpheus sleeps on his back still dead to the world (Sylvian in Young 2013: 108).

Tuttavia, nella progressione narrativa, il dio della musica sembra venire in soccorso del narratore; verso la fine del brano, infatti, *Orpheus keeps to his promise and stays by [the protagonist's] side*»:

> Sunlight falls, my wings open wide / There's a beauty here I cannot deny / And bottles that tumble and crash on the stairs / Are just so many people I knew never cared / Down below on the wreck of the ship / Are a stronghold of pleasures I couldn't regret / But the baggage is swallowed up by the tide / [As] (*ibid.*).

Il brano riflette la logica che è alla base di tutto l'album, e della filosofia di Sylvian in questo periodo, secondo cui vi è sempre uno stato positivo che emerge da una condizione apparentemente negativa. Qui da un contesto in cui sembra essere *dead to the world*, Orfeo decide di mantenere la sua promessa e di stare accanto al narratore. Alla fine mentre Orfeo canta di una "*promise tomorrow may bring*" il narratore trova anche la forza di andare oltre la logica Cristiana – che sembra nutrire l'immaginario dell'intero album – fatta di Inferno e Paradiso e di preghiera per accedere a una consapevolezza interiore che sembra fargli dimenticare certi dogmi del suo passato:

> But all of the hurdles that fell in our laps / Were fuel for the fire and straw for our backs / Still the voices have stories to tell / Of the power struggles in heaven and hell / But we feel secure against such mighty dreams (*ibid.*).

Orfeo rappresenta dunque la forza di cui aveva bisogno Sylvian, in una fase molto delicata della sua vita, per proseguire il suo viaggio artistico e spirituale. Orfeo diventa così metafora di una luce interiore che se individuata potrebbe portare alla piena realizzazione del potenziale del singolo. Le insicurezze, i dubbi, sono dunque quelle di un artista che da questo momento in poi – e in particolare dopo aver superato un lungo periodo di crisi e di depressione – non scenderà più a compromessi.

Si è detto di come la testualità del pop sia in grado di eccedere il verbale per risiedere negli interstizi tra suono e parola. Per certi versi il testo di Sylvian sembra quasi essere un pretesto per lasciare Orfeo cantare attraverso la splendida musica che nutre il brano. *Orpheus* sembra aprirsi *in media res*, dopo una sorta di pausa immaginaria. In un certo senso, una narrazione su Orfeo non può avere né un inizio né una fine. Il brano, che è essenzialmente una *ballad*, si articola attraverso una tessitura sonora estremamente ricca che traduce perfettamente il carattere elusivo di Orfeo stesso. Il brano si apre con un accompagnamento di contrabbasso, chitarra e batteria, sui cui Sylvian *scrive* la sua elegante performance vocale. Ma la canzone narra in maniera indiretta di una complessa geografia sonora. Nella prima strofa la voce di Sylvian dialoga con il synth e il piano di Sakamoto che aggiungono una connotazione orientale all'enunciazione musicale generale. Dopo una lunga pausa abbiamo invece il lungo solo di tromba di Mark Isham che introduce un *mood* jazz e un'atmosfera contemplativa, c'è poi la chitarra slide di Palmer che rimanda all'Africa e all'America. Il tutto assume senso e spessore anche grazie al magistrale lavoro di contrabbasso di Danny Thompson che trasforma la musica in un'enunciazione corporea e ci fa vibrare e risuonare delle seducenti sonorità di Orfeo.

Confondendo suoni e suggestioni diverse Sylvian ci offre un Orfeo che eccede confini e geografie, muovendosi tra oriente, America e Mediterraneo, articolando una versione globale del mito. Il movimento verso la periferia di Sylvian ha dunque il senso di un decentramento di se stesso e della sua musica. È lo stesso Sylvian ad avere affermato in una recente intervista:

> I have great respect for the traditions of others, but I've never personally felt rooted in any particular tradition or genre […] I think of myself as following my instincts on the periphery, on the boundaries between, this and that tradition all the while carrying the weight of my own baggage […]. I'm rooted firmly within and what I try to manufacture through the work is a kind of poetry of the self, its inner workings, weaknesses, self-betrayals, epiphanies and disillusionment (Sylvian 2011).

L'opera di Sylvian non è mai stata facilmente accessibile, essa mette in discussione le aspettative del pubblico introducendo elementi imprevedibili che portano a esiti estremamente affascinanti. E qui la scelta degli strumenti, delle voci attraverso cui enunciare la sua musica diventa centrale. Si è detto di come il tamburo e il sassofono siano gli strumenti centrali nel discorso poetico di Brathwaite; nella poetica di Sylvian sarà la chitarra in quanto strumento democratico ripensato in termini sempre più *infunzionali* ad assumere un ruolo di primo piano.

Il tema delle api e dell'alveare viene ripreso da Sylvian a dodici anni di distanza con *Dead Bees on a Cake* (1999); qui l'immagine delle api morte dice la morte definitiva dell'*ego*, la perfetta con-fusione tra *self* e oggetto del desiderio, in un'apertura completa dell'artista alla filosofia induista. L'album fonde magistralmente le suggestioni sonore più diverse, si va, appunto, dalla musica indiana, al blues e al soul (cari all'allora moglie di Sylvian, Chavez), dall'ambient al jazz con ospiti di primo piano quali Marc Ribot e il grande chitarrista jazz americano Bill Frisell che qui tuttavia suona il dobro, uno strumento appartenete alla tradizione country-blues. L'esito della collaborazione tra Frisell e Sylvian è un brevissimo brano dalla fisionomia assolutamente sfuggente. Del resto è la modalità stessa di costruzione del brano a essere profondamente originale; qui è la parola ad accompagnare, per certi versi, la musica, pensata in un primo momento come brano autonomo. *Dobro 1* pone in primo piano l'invenzione chitarristica di Frisell, mentre i versi di Sylvian – in cui l'autore attraverso la metafora della pioggia prende la giusta distanza da un passato fatto di dolore e solitudine, e da una vita fondata sin dall'inizio su false promesse – sembrano semplicemente rispondere con la loro cristallina e malinconica bellezza alla narrazione estremamente lineare e per certi versi solare del dobro:

> I stole a life / With braids of fire / And it rained on my house all summer / There never was any freedom here / All I feared, the most came back around / And it rained on my house / And it rained on my house all summer (Sylvian in Young 2013: 200)

Questo stesso processo sarà utilizzato in seguito da Sylvian nei suoi lavori sull'improvvisazione, vale a dire nei due album in cui la sua scrittura poetica dovrà misurarsi con l'improvvisazione radicale di due maestri, gli inglesi Derek Bailey ed Evan Parker. Bailey è stato una figura chiave dell'avanguardia londinese; a cavallo tra anni Sessanta e Settanta egli ridefinì il *sound* e la funzione della chitarra: il più funzionale e accessibile degli strumenti si trasformò nelle sue mani in una vera propria orchestra in grado di dar voce a un'infinità di suoni. Quella che generalmente viene definita *improv* si fonda su una sorta di negazione dei generi musicali, si parla infatti anche di improvvisazione non idiomatica per definire uno spazio artistico in cui il musicista è libero di dar voce ai suoi istinti sonori, prescindendo dalle costrizioni imposte da ritmo e armonia o da generi specifici. Occorre qui sottolineare come lo stesso Sylvian, sebbene abbia collaborato spessissimo con jazzisti quali Kenny Wheeler e Bill Frisell, preferisca l'improvvisazione in quanto pratica in grado di parlare in una sorta di *everyday language* all'idioma propriamente jazzistico. In breve, per Sylvian jazz e improvvisazione non sono affatto sinonimi.

Derek Bailey si è occupato di improvvisazione anche a livello teorico scrivendo nel 1976 uno studio seminale intitolato *Improvisation, its*

Nature and Practice in Music la cui seconda edizione del 1992, considerata l'indubbia rilevanza del lavoro, è stata pubblicata dal British Library Sound Archive. Nel libro Bailey sottolinea come l'improvvisazione sia la più praticata delle attività musicali – in ambiti diversissimi quali il jazz, il rock, il flamenco, la musica indiana – e al tempo stesso quella di cui ci si è occupati di meno a livello di riflessione teorica. Si tratta forse di un risultato inevitabile, afferma Bailey, considerata la natura sempre sfuggente ed elusiva dell'improvvisazione stessa. Scrive Bailey:

> improvisation embraces, even celebrates, music's essentially ephemeral nature. For many people, one of the enduring attractions of improvisation is its momentary existence: the absence of a residual document (Bailey 1992: ix).

In questo senso la collaborazione tra Bailey e Sylvian per l'album *Blemish*, pubblicato nel 2003 da quest'ultimo per la sua etichetta indipendente, risulta particolarmente interessante. Se il processo utilizzato risulta simile a quello analizzato nella collaborazione con Frisell, l'esito del lavoro rappresenta un mix senza precedenti di composizione e improvvisazione, di consonanza e dissonanza, di melodia e rumore che indirettamente riscrive ed espande la versione di Orfeo pensata da Sylvian, ovvero la sua stessa visione della musica, come emerge del resto dalla brevissima traccia intitolata *She is not*. A livello verbale quest'ultima si pone come riflessione amara su un rapporto personale conclusosi a ridosso dell'incisione di *Blemish* e in cui l'aspetto caratterizzante della donna amata sembra essere la sua assenza profonda in ogni aspetto del quotidiano:

> There she is among her children / Full of paintings / Going round and round the houses / Full of paintings, full of pictures / There she is not (Sylvian in Young 2013: 253).

Il processo di creazione del brano fu come rivela Sylvian piuttosto articolato. Il primo passo consisteva nell'ascolto di un'intera *session* di *improv* di Bailey da cui il cantante avrebbe poi isolato alcuni pezzi. Riascoltando un pezzo specifico Sylvian avrebbe poi pensato e scritto dei versi e una linea melodica. La risposta alle idee chitarristiche di Bailey doveva essere tuttavia di natura del tutto intuitiva e improvvisativa. Il risultato coincise con la creazione di uno spazio sonoro inedito in cui la narrazione rumoristica di Bailey interroga il melodismo trasversale e decentrato di Sylvian, la cui vocalità sembra raccontare una storia nella storia dando accoglienza e facendosi accogliere dal chitarrismo libero e sempre in attesa di risposta dall'altro e dal sé di Bailey.

La genesi stessa dei brani inclusi in *Blemish* (e nel sucessivo *Manafon* del 2009) pone l'accento su aspetti fondamentali per la comprensione della complessa dialogica che mette in rapporto musica – rappresentata qui dalle improvvisazioni preregistrate di Bailey – e letteratura, nello specifico i versi di Sylvian, che una volta messi a confronto con l'invenzione chitarristica di Bailey non possono che tradursi essi stessi in musica, in un processo che parte dall'improvvisazione per proiettarsi verso la risposta affettiva, anche essa necessariamente improvvisata e dunque imprevedibile, da parte dell'ascoltatore.

L'ultimo lavoro di Sylvian intitolato *There's a Light that Enters Houses with no Other House in Sight* (2014) vedrà l'artista rinunciare del tutto alla dimensione del canto e della recitazione per consegnare la dimensione vocale del lavoro al poeta americano Franz Wright, i cui versi (recitati appunto da Wright stesso) vengono accolti e interrogati dal complesso lavoro improvvisativo di Christian Fennesz (al laptop e alla chitarra), John Tilbury (al piano) e dello stesso Sylvian (al piano e all'elettronica); qui Sylvian sembra essersi tradotto nel regista di una pellicola dai toni scuri e tuttavia profondamente affascinanti, in un artista che ha operato a pieno il divorzio tra musica e immagine, secondo una logica in cui si vuole preferire l'ombra a un certo tipo di luce, la risposta imprevista e imprevedibile a una enunciazione diretta e spesso pre-scritta.

Brathwaite e Sylvian provengono da mondi apparentemente lontani eppure il loro complesso lavoro sulla lingua inglese riesce ad articolare uno spazio sonoro affascinante e accogliente in cui musica e letteratura si confondono attraverso linguaggi e pratiche sfuggenti quali il jazz e l'improvvisazione, in cui il corpo, la voce e la grana sonora degli strumenti non possono che eccedere la pagina – e geografie definitive – invitandoci a pensare l'identità come spazio liquido, fatto di performance e d'ascolto.

Bibliografia

Bailey, Derek, 1992, *Improvisation, its Nature and Practice in Music*, London, The British Library Sound Archive.

Barthes, Roland, 2001, “La grana della voce”, in *L’ovvio e L’ottuso. Saggi critici III*, Torino, Einaudi, pp. 257-266.
Brathwaite, Kamau, 1973, *The Arrivants. A New World Trilogy*, Oxford, Oxford University Press.
Brathwaite, Kamau, 1976, *Black+Blues*, New York, New Directions.
Brathwaite, Kamau, 1993, “Jazz and the West Indian Novel”, in *Roots* (1986), Ann Arbor, University of Michigan Press.
Brown, Stewart, 1995, “Introduction”, in *The Art of Kamau Brathwaite*, Bridgend Wales, Seren.
Derrida, Jacques, Coleman Ornete, 1997, “La Langue de l’Autre”, *Les Inrockuptibles*, 115, 43, 20 agosto 1997, pp. 37-40.
Edwards, Nedi, 2007, “Introduction”, in A. Paul (ed.), *Caribbean Culture. Soundings on Kamau Brathwaite*, Kingston, University of the West Indian Press, pp. 1-36.
Eliot, Thomas Sterns, 1942, *The Music of Poetry*, Glasgow, Jackson, Son, Publishers to the University.
Francis, Donette A., 2007, “Travelling Miles: Jazz in the Making of a West Indian Intellectual”, in A. Paul (ed.), *Caribbean Culture. Soundings on Kamau Brathwaite*, Kingston, University of the West Indian Press, pp. 142-151.
Gioia, Ted, 2001, *The History of Jazz*, Oxford and New York, Oxford University Press.
Lange, Art, Mackey, Nathaniel (eds.), 1993, *Moment’s Notice, Jazz in Poetry and Prose*, Minneapolis, Coffee House Press.
Larkin, Philip, 1970, *All What Jazz. A Record Diary*, London, Faber & Faber.
Larkin, Philip, 2003, *Collected Poems*, London, Faber & Faber.
Locatelli, Aude, 2011, *Jazz belles–lettres. Approche comparatiste des rapports du jazz e de la literature*, Paris, Classiques Garnier.
MacInnes, Colin, 2005, *The London Novels*, London, Allison and Bubsy.
Mackey, Nathaniel, 1995,“An Interview with Kamau Brathwaite”, in S. Brown (ed.), *The Art of Kamau Brathwaite*, Bridgend Wales, Seren, pp. 13-32.
Martino, Pierpaolo, 2009, “‘Poetry is a Form of Music’. Intervista a Kamau Brathwaite, con un saggio introduttivo”, in P. Martino (a cura di), *Exodus. Studi sulla letteratura anglo-caraibica*, Bari, Graphis, pp. 111-125.
Mellers, Wifrid, 1964, *Music in a New Found Land Themes and Developments in the History of American Music*, London, Barrie and Rockliff.
Morris, Mervyn, 1995, “Overlappimg Journeys: *The Arrivants*”, in S. Brown (ed.), *The Art of Kamau Brathwaite*, Bridgend Wales, Seren, pp 117-131.
Nelson, Lilieth, 2007, “The Music of Kamau Brathwaite”, in A. Paul (ed.), *Caribbean Culture. Soundings on Kamau Brathwaite*, Kingston, University of the West Indian Press, pp. 127-141.

Pound, Ezra, 1977, *Ezra Pound and Music, The Complete Criticism*, ed by M. Schafer, New York, New Directions Publishing.
Power, Martin, 2004, *David Sylvian. The Last Romantic*, Second Edition, London, New York and Sidney, Omnibus Press.
Reynolds, Simon, 2005, *Rip it Up and Start Again. Post-Punk 1978-1984*, London, Faber & Faber.
Rushdie, Salman, 1991, "Imaginary Homelands", in *Imaginary Homelands. Essays and Criticism 1981-1991*, London, Granta Books, pp. 9-21.
Shipton, Alyn, 2008, *A New History of Jazz*, London, Faber & Faber.
Sylvian, David,1987, *Secrets of the Beehive*, Virgin (LP).
Sylvian, David, 1999, *Dead Bees on a Cake*, Virgin (CD).
Sylvian, David, 2003, *Blemish*, Samadhisound (CD).
Sylvian, David, 2009, *Manafon*, Samadhisound (CD).
Sylvian, David, 2011, "A Welcoming Silence (or the Eternal Amateur)", URL http://www.davidsylvian.com/texts/interviews/a_welcoming_silence_or_the_eternal_amateur.html.
Sylvian, David, 2014, *There's a Light that Enters Houses with no Other House in Sight*, Samadhisound (CD).
Woolf, Virginia, 1992, *The Waves*, Harmondsworth, Penguin.
Woolf, Virginia, 1999, *To the Lighthouse*, London, Penguin and the Hogarth Press.
Young, Christopher E., 2013, *On the Periphery, David Sylvian.The Solo Years*, Marian, Malin Publishing.
Zenni, Stefano, 2012, *Storia del Jazz. Una Prospettiva Globale*, Roma, Stampa Alternativa.

EMPTY WORDS remix

Gianni Lenoci

Non ho niente da dire eppure lo sto dicendo.
John Cage (1912-1992)

Nel processo compositivo di John Cage i concetti apparentemente antitetici di silenzio e suono collidono osmoticamente generando nuovi corto circuiti dell'ascolto e della percezione.

Il rumore assurge così a evento acustico dotato di polimorfa dignità espressiva e l'alea, fino allora principio generativo quasi assolutamente estraneo all'agire compositivo di un artista occidentale, diviene un *modus operandi* in grado di aprire esperienze estetiche inaudite.

Il contributo più significativo che l'arte musicale di John Cage ha regalato alla cultura occidentale è sicuramente la sua peculiare percezione del silenzio nell'ambito del processo compositivo.

Apparentemente, silenzio è assenza di suono. Una tela bianca sulla quale disporre eventi sonori capaci di lacerarne l'omogenea superficie.

In realtà Cage dimostra nel 1952 la non esistenza del silenzio[1] proprio attraverso la composizione del suo brano "silenzioso", *4'33"*[2] (an-

[1] «Non hanno capito. Non esiste il silenzio. Alcuni credevano fosse silenzio, poiché ignoravano come ascoltare, in realtà c'erano tantissimi suoni accidentali. Durante il primo movimento si poteva sentire il vento che soffiava dall'esterno. Durante il secondo movimento gocce di pioggia cominciavano a picchiettare sul tetto, e durante il terzo la gente stessa produceva ogni genere di suono interessante parlando o uscendo dalla sala» (John Cage parlando alla prima esecuzione di *4'33"*).

[2] Un'esperienza importante per la realizzazione del pezzo fu la visita alla camera anecoica dell'Università di Harvard. In questa camera, Cage avrebbe dovuto udire il silenzio più totale; invece riuscì a sentire due rumori, uno acuto e l'altro più grave. Un

che se a livello embrionale Cage ne ipotizzava la realizzazione già dal 1948)[3].

La famosa esperienza nella camera anecoica porta Cage alla comprensione che il silenzio non è mai assoluto ma parziale, relativo e brulicante continuamente di (micro)eventi sonori.

Il processo aleatorio si affermò nei pensieri di Cage quando questi scoprì l'antichissimo testo cinese dell'I-Ching, *Il libro dei mutamenti*.

Il caso crea così ciò che la mente non ha ancora immaginato, sancendo la vittoria dell'alea sulla premeditazione.

Cage è rimasto fedele a questo *modus operandi*, seppur declinato con differenti strategie, per tutta la sua stagione creativa.

Empty Words (1973-1974) nella sua piena realizzazione dura circa dieci ore, ed è costruito eliminando lentamente sezioni dai Diari di Thoreau[4] in modo che, dissolvendosi le frasi complete, emergano solo lettere e silenzi.

Attraverso una serie di operazioni casuali (*Chance Operations*), in *Empty Words* Cage decompone le parole in sillabe e lettere, eludendo il rapporto significato/significante tipico di qualsiasi linguaggio verbale e ne trasforma i contenuti semantici in astratti eventi sonori.

---

ingegnere gli spiegò allora che aveva ascoltato il proprio apparato cardiocircolatorio e nervoso in funzione; da ciò Cage dedusse che il silenzio perfetto è in realtà un'utopia, e il rumore domina in ogni istante della nostra vita.

[3] Fu il 28 febbraio del 1948, durante una conferenza al Vassar College, che Cage parlò per la prima volta di quella che era ancora un'ipotesi, una visione indistinta: «Ho per esempio diversi nuovi desideri (due di questi possono sembrare assurdi, ma li prendo in seria considerazione): primo, di comporre un brano di ininterrotto silenzio e di venderlo alla Muzak Corporation. Sarà lungo tre minuti o quattro minuti e mezzo, dato che queste sono le durate standard della musica preregistrata, e s'intitolerà *Silent Prayer*. Inizierà con una singola idea che cercherò di rendere tanto seducente quanto il colore e la forma o la fragranza di un fiore. La fine del brano si avvicinerà impercettibilmente».

[4] Henry David Thoreau nacque a Concord, nel Massachusetts, nel 1817. Laureatosi ad Harvard, seguace di R.W. Emerson, fu una delle figure di spicco del movimento trascendentalista. Nel 1845, determinato a mettere in pratica i propri ideali, andò a vivere in una capanna sul lago Walden e vi soggiornò per ben due anni deciso a dimostrare come l'uomo moderno potesse vivere con i propri mezzi a contatto con la natura. Una simile esperienza gli ispirò la scrittura del *Walden, ovvero La vita nei boschi* (1854), un'opera a metà strada tra il saggio filosofico e il diario che oggi viene unanimemente considerata tra i classici della letteratura americana.

Cage parte dal presupposto che una lingua può essere decostruita in cinque differenti parametri:

1) lettere
2) sillabe
3) parole
4) frasi
5) periodi.

Tale materiale può essere organizzato secondo diverse permutazioni per un totale di 25 differenti combinazioni.

Ascoltando quindi *Empty Words*, notiamo come Cage superi un'altra bipolarità ontologica della cultura musicale occidentale: la conflittualità tra parlato e cantato.

Ogni vocale, ogni sillaba, ogni semplice parola, possedendo una precisa realizzazione sonora, diviene per Cage un'entità acustica musicalmente interessante che può essere decontestualizzata dal suo tessuto semantico e comunicativo per essere utilizzata per puri fini musicali.

Ogni suono rappresenta quindi un gene atto a dare vita a tessuti aurali complessi e macroscopici.

Empty Words, impone una profonda presa di coscienza nei confronti dell'intima natura del linguaggio e del suono, restituendo al senso dell'ascolto il compito di ricreare o meglio con-creare l'organismo musicale.

Linguaggio e suono sono stati prima di Cage strutture sensibili sulle quali edificare dense sovrastrutture culturali che ne hanno dapprima oscurato e infine celato la vera essenza. Cage, sollevando questa pesante coltre, ci ha permesso di riscoprirne la complessa e multi-direzionale natura.

Fra etica ed estetica.

Per una nuova ecologia della mente.

Empty Words Re-Mix (For John Cage and James Joyce)

N**E**SSUN
FONE**M**A
AP**P**ARE
OT**T**ICAMENTE
SUN**Y**ATA

WU**W**EI
PROF**O**NDA
PE**R**CEZIONE
RICHIE**D**E
A**S**COLTO

Gli Autori

Silvia Albertazzi è docente ordinario di Letteratura Inglese all'Università di Bologna. Si occupa di letteratura postcoloniale e contemporanea, e dei rapporti tra letteratura e altre arti (in particolare musica e fotografia). Tra i suoi volumi di saggistica si ricordano: *Bugie sincere. Narratori e narrazioni 1970-1990* (1992), *La letteratura fantastica* (1993), *Lo sguardo dell'Altro. Le letterature postcoloniali* (2000), *In questo mondo, ovvero quando i luoghi raccontano le storie* (2006), *Il nulla, quasi. Foto di famiglia e istantanee amatoriali nella letteratura contemporanea* (2010), *Belli e perdenti. Antieroi e post-eroi nella narrativa contemporanea di lingua inglese* (2012), *La letteratura postcoloniale. Dall'Impero alla World Literature* (2013).

Vito Cavone è docente ordinario di Letteratura Inglese all'Università di Studi di Bari. Le sue aree di interesse includono la letteratura rinascimentale e romantica, il Modernismo e la letteratura postcoloniale. Ha scritto su Shakespeare, Wordsworth, Rushdie, Harrison, Walcott. Tra le sue pubblicazioni si segnalano: *Ford Madox Ford. La fine di un'era* (2001) e le curatele *Voci dalle Letterature in Lingua inglese* (2005), *Geografie della Coscienza* (2008), *Aspetti del moderno* (2012). Ha inoltre curato con C. Corti e M. Trulli il volume dedicato ai *Literary Studies* degli atti del 23° Convegno AIA dal titolo *Forms of Migration/Migration of Forms* (2009).

Iain Chambers è docente ordinario di Sociologia all'Università degli Studi di Napoli L'Orientale. I suoi campi di studio spaziano dall'urbanizzazione alla cultura popolare, la musica, la memoria, la modernità. Tra i suoi saggi: *Ritmi Urbani* (1986, n. ed. 2003), *Dialoghi di Frontiera* (1995), *Paesaggi Migratori. Cultura e Identità in Epoca postcoloniale* (1996, n. ed. 2003), *Sulla soglia del Mondo. L'Altrove dell'Occidente*

(2003), *Esercizi di Potere. Gramsci, Said e il postcoloniale* (2006) e *Le Molte Voci del Mediterraneo* (2007), *Mediterraneo Blues. Musiche, malinconia postcoloniale e pensieri marittimi* (2012).

Gianni Lenoci è docente di Composizione Jazz al Conservatorio "Nino Rota" di Monopoli. È tra i maggiori pianisti jazz e di musica contemporanea attivi in ambito nazionale e internazionale. Ha collaborato con i massimi specialisti mondiali del jazz e della musica improvvisata come: Massimo Urbani, Steve Lacy, Joëlle Leandre, Steve Grossman, Enrico Rava, Glenn Ferris, Don Moye, Han Bennink, Paul Lovens, Jean-Jacques Avenel, Steve Potts, Carlos Zingaro, John Tchicai, Kent Carter, William Parker, David Murray, Roscoe Mitchell. Ha inoltre tenuto performance con poeti, danzatori e artisti multimediali. Oltre che come improvvisatore, è attivo come interprete dal vasto repertorio, con un'attenzione particolare a compositori come Feldman, Brown, Bussotti, Cage oltre all'opera completa per strumento a tastiera di Bach.

Pierpaolo Martino è ricercatore di Letteratura Inglese presso l'Università di Bari. Si occupa di studi culturali, di letteratura modernista e contemporanea, e dei rapporti tra letteratura e musica. Ha pubblicato studi di argomento letterario, musicale e cinematografico su Oscar Wilde, Virginia Woolf, Colin MacInnes, Salman Rushdie, Hanif Kureishi, Hari Kunzru, Derek Jarman, Morrissey, Smiths e Radiohead. È autore di tre monografie: *Virginia Woolf: la musica del faro. Pagina e improvvisazione* (2003), *Down in Albion. Studi sulla cultura pop inglese* (2007) e *Mark the Music. The Language of Music in English Literature from Shakespeare to Salman Rushdie* (2012) e curatore di *Exodus. Studi sulla Letteratura Anglo-Caraibica* (2009). Svolge inoltre un'intensa attività di compositore e performer, in qualità di bassista e contrabbassista in ambito *improv*, jazz e post-rock. Ha suonato con jazzisti e improvvisatori di fama mondiale tra cui Steve Potts, Eugenio Colombo, Joëlle Leandre, Mark Dresser, Marc Ducret e Vinny Golia.

Mariacristina Petillo è ricercatore di Lingua e Traduzione-Lingua Inglese all'Università di Bari. Le sue aree di interesse includono la letteratura modernista, la traduzione audiovisiva e il linguaggio del turismo. Tra le sue pubblicazioni: *Sulle strade degli Shelley*, con *una nuova traduzione* di *History of a Six Weeks' Tour 1817* (2006), *Sulle orme degli elisabettiani: "Chamber Music" del giovane Joyce* (2007), *Poesia e*

Musica alla corte di Elisabetta: "The Triumphs of Oriana" (2007), *La Traduzione Audiovisiva nel Terzo Millenio* (2012). Ha curato *Reflecting on Audiovisual Translation in the Third Millennium: Perspectives and Approaches to a Complex Art* (2014). Ha conseguito un diploma in pianoforte e clavicembalo presso il Conservatorio "Nino Rota" di Bari.

Augusto Ponzio è professore emerito di Filosofia del Linguaggio e Linguistica Generale presso l'Università degli Studi di Bari. Ha contribuito come curatore e traduttore alla diffusione in Italia e all'estero del pensiero di Michail Bachtin, Emmanuel Lévinas, Ferruccio Rossi-Landi, Adam Schaff e Thomas Albert Sebeok. Tra le sue pubblicazioni più recenti: *Da dove verso dove. La parola altra nella comunicazione globale* (2009), *Interpretazione e scrittura, Scienza dei testi ed eccedenza letteraria* (2011), *La filosofia del linguaggio* (2011). Ha curato l'edizione completa dell'opera di Bachtin pubblicata da Bompiani nel 2014.

Simona Tota è dottore di ricerca in Teoria e Prassi della Traduzione. Si occupa di letteratura rinascimentale e gotica e di traduttologia. È docente a contratto di Lingua e Traduzione-Lingua Inglese presso il Dipartimento LELIA dell'Università di Bari. Tra le sue pubblicazioni si segnala *La lingua inglese nelle sue evoluzioni moderne: il Netspeak*, in V. Cavone (a cura di), *Aspetti del moderno* (2012).

Indice dei nomi

Finito di stampare nel mese di maggio 2015 dalla Tipolitografia CSR
Via di Pietralata, 157 - 00158 Roma - Tel. 064182113 (r.a.) - Fax 064506671